LA GRANDE ARNAQUE

Comment on manipule le consommateur

Eyrolles
61, bd Saint-Germain
75240 Paris cedex 05

www.editions-eyrolles.com

© Groupe Eyrolles, 2006
ISBN : 2-7081-3659-3

Olivier Clodong   Alain Carcopino

LA GRANDE ARNAQUE

Comment on manipule le consommateur

Deuxième tirage 2006

EYROLLES

*« La vérité ne triomphe jamais
mais ses adversaires finissent par mourir »*

Max Planck

Sommaire

11 h 36 – Un crochet par la boîte aux lettres
Comment les brochures publicitaires nous influencent...

11 h 52 – Quelques secondes pour consulter les SMS
Comment le marketing utilise le téléphone portable
pour nous « capturer »...

12 h 30 – Pause déjeuner à l'appartement
Comment les noms, les labels et les marques
nous font saliver...

14 h 15 – En route pour les achats de Noël
Comment le marketing utilise les fêtes
pour activer le tiroir-caisse...

14 h 45 – Dans les grands magasins...
Comment les lieux de vente nous ensorcellent !

16 h 30 – Léo sort de l'école
Comment le marketing pédagogique conditionne les élèves

19 h 15 – Apéritif chez les parents de Léo
Comment le marketing nous fait aimer le sel...

20 h 45 – Dîner au restaurant
Comment les restaurateurs nous font rester plus longtemps à table...

22 h 30 – Dernier verre dans un bar branché
Comment le night-marketing nous dicte ce que nous devons boire !

23 h 52 – Un zapping télé avant de dormir
Comment le petit écran nous hypnotise !

Introduction

Une journée
au cœur de la grande arnaque

Dans l'Amérique du XIXe siècle, des charlatans itinérants sillonnaient les routes à bord de leur roulotte et faisaient halte pour quelques jours (quelques heures lorsque les choses tournaient mal pour eux) dans les villages.

Pseudo-illusionnistes mais vrais bonimenteurs, ils montraient en spectacle des femmes à barbe, des nains rescapés de pays inconnus ou des singes savants, vendaient des poudres de perlimpinpin et autres élixirs magiques censés guérir les maladies, ou proposaient de mirifiques autant qu'illusoires placements financiers.

Ils avaient en commun d'être d'excellents « vendeurs », dotés du sens de la mise en scène et de la persuasion. Ils savaient utiliser ce qui ne s'appelait pas encore le marketing et avaient compris que l'emballage fait le cadeau, qu'une bonne présentation assure la vente. Ils avaient aussi parfaitement analysé que sur cette base, toutes les arnaques, même les plus grossières, sont possibles.

L'un d'entre eux, le plus charlatan (certains diraient le plus génial) avait poussé la logique à son comble. N'ayant ni nain, ni femme à barbe, ni singe savant, ni poudre merveilleuse sous la main, il décida de vanter les mérites de la seule matière première dont il disposait : lui-même.

Sans talent spécifique ni particularité physique à mettre en avant (aucune disposition pour la prestidigitation, taille et poids standards, pas de cicatrice géante…), il se contentait d'entrer sur scène et déambulait quelques minutes sous la banderole :

« Voici le plus petit géant du monde »

Puis il quittait précipitamment le village, sous les huées des spectateurs furieux d'avoir payé un dollar pour assister à pareille supercherie.

Des dizaines de décennies plus tard, les choses n'ont pas vraiment changé. Surtout pas le dindon de la farce, celui qui paie, le consommateur.

Seules les techniques ont évolué. Le marketing atteint chaque jour de nouveaux sommets du raffinement qui nous font prendre des vessies pour des lanternes, acheter ce dont nous n'avons pas besoin et, plus grave, consommer ce qui n'est pas forcément bon pour nous.

Dans ce contexte, les dérives prolifèrent, repoussant un peu plus loin les limites de ce qui est acceptable, utilisant des stratagèmes publicitaires et promotionnels sans cesse plus insidieux, sacrifiant parfois la morale sur l'autel du chiffre d'affaires.

C'est la multiplication de ces arnaques et l'avènement silencieux de « l'horreur marketing » qui nous ont décidés à écrire ce livre.

Nous avons choisi de le faire en racontant une histoire.

© Groupe Eyrolles

Celle de Xavier et Catherine, un jeune couple très sympathique qui vit au rythme de Monsieur et Madame Tout le Monde.

Avec eux, vous allez passer une journée pas tout à fait comme les autres.

Car en ce 22 décembre, Xavier et Catherine reçoivent la visite de leur cousin Bertrand, un spécialiste du marketing qui leur ouvre les yeux sur une foule de choses…

Olivier Clodong   Alain Carcopino

8 h 00
C'est l'heure du petit-déjeuner

Comment le marketing
alimentaire dresse la table
à notre place !

Épisode 1

« La santé vient en mangeant ! »

Vendredi 22 décembre, 8 heures, le radio-réveil de Catherine et Xavier se met en marche…

Voix 1 : *« Bonjour à tous, nous sommes le vendredi 22 décembre, il est tout juste 8 heures, nous retrouvons Blaise Troisbé pour les informations…*

Voix 2 : *Bonjour, voici les principaux titres que nous allons développer dans ce journal :*

– *Justice : après 13 ans de procédure, la juge Bertella-Geffroy a mis un point final à l'instruction sur l'hormone de croissance. Bilan de ce scandale médical : 93 morts et plus d'un millier de cas non élucidés…*

– *Consommation : les douaniers français ont saisi 10 000 jouets contrefaits en provenance d'Asie, les professionnels du secteur tirent le signal d'alarme…*

– *Fausse qualité : plusieurs personnes ont été arrêtées hier en région parisienne, de faux pompiers, faux postiers et faux éboueurs qui vendaient des calendriers. Vigilance donc en ce mois de décembre…*

– *Sport : football, à quelques jours de l'ouverture du mercato d'hiver, plusieurs agents de joueurs ont été mis en examen dans le cadre de transferts douteux… »*

« Eh bien, que des histoires d'escroqueries… » soupire Xavier qui éteint le radio-réveil et rejoint Catherine dans la cuisine pour préparer le petit-déjeuner. Leur cousin Bertrand les y retrouve.

<u>Xavier</u> : Bien dormi ?

Bertrand : Comme une marmotte.

Xavier : Café ? Pain ? Biscottes ? Céréales ? Yaourt ? Jus d'orange ?

Bertrand : Café noir et tartines, c'est parfait pour moi. *(Il s'assoit et regarde les produits étalés sur la table).* Je vois que vous vous êtes mis aux yaourts « bons pour la santé »...

Xavier : Oui. C'est mieux que les yaourts classiques, non ?

Bertrand : C'est à vérifier. Depuis quelque temps, on veut nous faire croire que ce n'est plus l'appétit qui vient en mangeant, mais la santé ! Après les produits allégés qui ont fait la fortune de quelques grandes marques, le commerce s'est emparé des aliments santé. Aujourd'hui, les probiotiques occupent les têtes de gondole...

Xavier : Les probiotiques ?

Bertrand : Ce sont des « bonnes bactéries » supposées nous aider à rester en bonne santé. À la base, il y a la publication d'une demi-douzaine d'études scientifiques plutôt prudentes sur leurs bienfaits réels et durables. À l'arrivée, on est confronté à des produits qui promettent un transit parfait, quand ce n'est pas l'éternelle jeunesse. Entre les deux, l'imagination des publicitaires s'est mise en marche. Un film présente un couple de seniors, grand consommateur de yaourts enrichis, qui s'apprête à affronter sans ciller trois semaines de marche au Pôle Nord. Deux spots plus tard, dans un décor de laboratoire scientifique, un « expert » en blouse blanche affirme que le yaourt qu'il tient dans sa main contribue à limiter les effets du stress et du manque de sommeil.

Xavier : Quel crédit faut-il accorder à ces publicités ?

Bertrand : Un crédit limité, je le crains. Les scientifiques sont unanimes pour dire que l'efficacité éventuelle des probiotiques repose en partie sur le nombre de bactéries qu'ils contiennent. Or 90 % des étiquettes restent muettes sur la question. En outre, puisque les probiotiques font état d'effets sur la santé, la moindre des choses serait de préciser les doses à consommer pour obtenir ces effets. Mais sur ce point aussi, la plupart des fabricants préfèrent garder le silence. Autrement dit, même avec la plus grande attention, il n'est pas évident de se faire une idée précise...

Catherine : Quelle conclusion faut-il tirer d'un tel flou ?

Bertrand : Que le décalage est immense entre la science des probiotiques, encore récente et aux incertitudes nombreuses, et les allégations publicitaires qui vendent la peau de l'ours. Les bactéries en question sont prometteuses, chacun l'admet, mais les études cliniques ne démontrent pas encore de façon incontestable les bienfaits des probiotiques, à plus forte raison sur le long terme. Alors, comme souvent en pareil cas, le marketing a anticipé sur la science et joue sur les ambiguïtés, les non-dits...

Xavier : Si je te suis bien, il n'y a plus qu'à attendre. C'est l'avenir qui donnera raison ou tort au marketing...

Bertrand : Oui. Si dans quelques années, les médecins accréditent définitivement les bienfaits attribués aux probiotiques, tout ira pour le mieux. Si ces bienfaits ne sont pas confirmés, on pourra alors parler d'arnaque commerciale. Et si par malheur, des effets nocifs pour la santé sont constatés a posteriori, tu verras apparaître un énième scandale alimentaire. Seule certitude aujourd'hui, à la caisse, les yaourts qui prétendent s'occuper de notre santé sont plus chers que les yaourts ordinaires. Et ça, tu as dû t'en apercevoir.

Catherine : Bon, bon, je range les yaourts, veux-tu des céréales ? Depuis le temps qu'elles sont commercialisées, au moins elles, on est certain qu'elles ne sont pas mauvaises pour la santé...

Bertrand : Cela dépend. Certaines sont des faux amis. C'est le matraquage publicitaire dont elles bénéficient qui te fait penser qu'elles sont toutes favorables à la santé. En fait, beaucoup contiennent trop de sucre ou trop de sel, et jouent un jeu dangereux avec les vitamines et les minéraux.

Xavier : Tu m'inquiètes, moi qui en mange chaque matin ou presque...

Bertrand : Tu touches précisément du doigt l'une des plus grave ambiguïté entretenue par les fabricants : communiquer sur des prétendus atouts pour la santé en cas de consommation régulière de céréales, alors que ces produits peuvent au contraire conduire à des déséquilibres s'ils sont consommés de façon répétée !

Xavier : J'imagine pourtant que les mentions indiquées sur les paquets (« proportions équilibrées », « vitamines pour le punch », « capital osseux préservé »...) correspondent à une certaine réalité !

Bertrand : Le problème, c'est que la publicité se travestit en information et joue volontairement la confusion. Je ne te parle pas du slogan « bon enfant » qui suggère un vague bienfait, par exemple « biscuit plein de bon lait » ou « participe à votre tonus », mais des allégations insidieuses et injustifiées. Ce qui est certain, c'est que les céréales font partie des produits gros pourvoyeurs de sucre et de sel, y compris lorsqu'elles sont présentées comme allégées.

Xavier : Mais tout cela doit bien être contrôlé en amont...

<u>Bertrand</u> : À l'heure actuelle, les allégations touchant au domaine de la santé sont hélas encadrées de manière assez lâche. En France, le Conseil national de l'alimentation a bien édicté certaines règles, notamment pour que les slogans promotionnels ne viennent pas brouiller les repères sur la composition des aliments ; mais il est difficile de les faire respecter. L'Union européenne tente aussi d'imposer un règlement communautaire sur les allégations santé, mais beaucoup d'industriels freinent des quatre fers. Et pour cause, l'objectif de ce règlement est de fixer des critères précis pour les mentions relatives aux vitamines, minéraux et autres micronutriments.

<u>Catherine</u> : Message reçu... Et un jus d'orange, un simple jus d'orange, tu ne vas pas le refuser quand même *(elle tend à Bertrand une bouteille de jus de fruits)*...

<u>Bertrand</u> : Un jus de fruits frais, je te dis oui tout de suite, plutôt deux fois qu'une même. Mais ton jus de fruits en bouteille là, il contient non seulement du fructose, mais aussi beaucoup de glucose et de saccharose. Lorsque tu lis l'étiquette de l'un de ces jus concentré, tu ne t'aperçois pas forcément de la quantité d'ingrédients qui sont en réalité des sucres invisibles. Elle est pourtant impressionnante. Et qui dit sucres ajoutés dit mauvaises calories...

<u>Catherine</u> *(ennuyée)* : Je suis désolée, mais je n'ai pas d'oranges...

<u>Bertrand</u> *(amusé)* : Ne t'en fais surtout pas, café noir et tartines, comme je te l'ai dit tout à l'heure, c'est très bien pour moi...

 Décryptage

L'utilisation marketing
du stress alimentaire

Le contexte

La vache folle, la grippe aviaire, les dioxines ou encore les OGM font régulièrement la une de l'actualité. À ces crises sanitaires, s'ajoute la prévalence croissante des maladies liées au déséquilibre alimentaire : obésité, diabète et autres... Résultat : se nourrir est devenu un véritable stress ! Désormais, on fait très attention à ce que l'on mange et à ce que l'on achète.

La stratégie des fabricants

Les fabricants de céréales, biscottes et autres yaourts, ont compris qu'ils pouvaient tirer partie de ce contexte en utilisant à leur profit la peur des consommateurs. Leur stratégie ? Apporter une réponse en forme de « nutritionnellement correct » au stress alimentaire ambiant en jouant la carte de l'aliment-santé (l'alicament, la cosmétofood).

La promesse marketing

La « promesse marketing », c'est-à-dire le bénéfice promis au consommateur lorsqu'il achète un produit, découle de cette stratégie : « mangez ça et vous vous porterez mieux », ou, plus crédible : « mangez ça régulièrement et plus tard, vous irez mieux que si vous n'en n'aviez jamais mangé ». Autrement dit, consommer un yaourt, une biscotte ou des céréales contenant les bonnes bactéries, c'est prendre soin de sa santé à long terme (ce qui permet aussi de communiquer sur la régularité, voir la quotidienneté du produit).

Le mécanisme utilisé

À partir de cette stratégie et de cette promesse,
les industriels de l'agroalimentaire ont résolu
leur équation marketing de la façon suivante :

Manger équilibré permet de rester en bonne santé

Le petit-déjeuner est un moment idéalement opportun
pour manger équilibré

Les céréales (les biscottes, les yaourts…)
sont des aliments parfaits pour le petit-déjeuner

Donc, retour à la case départ :
consommer régulièrement ces produits permet de préserver
durablement sa santé

Quelques illustrations

Les noms et les slogans. Ils rappellent volontairement l'univers de la santé afin de « rassurer » l'inconscient du consommateur. Le Bifidus Actif (terme purement marketing sans la moindre base scientifique) est un yaourt ; il porte pourtant un nom de médicament. Yakult promet « une flore intestinale équilibrée », Actimel « participe à renforcer les défenses naturelles »…

Le packaging. Il est étudié en fonction de la promesse marketing. Nestlé utilise un fond vert très dense qui renforce la notion de principe actif (les bonnes bactéries). Danone utilise un blanc transparent qui rappelle volontairement les produits pharmaceutiques (la transparence est une représentation classique de la santé). Yakult présente son yaourt fermenté en petite bouteille pour jouer sur l'image de l'élixir…

Le cross réseau. Pour apporter une caution santé à ses céréales Spécial K, Kellog's a conçu une opération promotionnelle avec la marque RoC. Durant l'été 2005, les paquets de Spécial K contenaient des points bonus. Sur présentation de ces points dans un réseau de pharmacies et parapharmacies, les consommatrices se voyaient offrir un deuxième produit RoC pour l'achat d'un premier. Kellog's obtenant du même coup pour ses céréales un « label » médicament… En 2006, une stratégie similaire a été utilisée par les produits Fruit d'Or Pro-Activ (Unilever) et l'assureur MAAF : ce dernier offrait 10 € de remise sur sa complémentaire santé en échange de 7 codes-barres de produits Pro-Activ et jusqu'à 40 € pour 21 codes-barres…

Que du marketing. « Œuvrer pour une société saine ». Tel est le credo de la marque japonaise Yakult, qui communique sur son image santé en mettant en avant que le ferment lactique qu'elle utilise a été inventé il y a plusieurs décennies par un médecin et que chacune de ses bouteilles contient « des milliards de Lactobacillus ». Si cela a de quoi impressionner le consommateur, il ne s'agit pourtant que de marketing ; cette quantité de germes est en effet tout à fait banale pour ce type de produit…

Décodage

Ambiguïtés de la communication autour du petit-déjeuner

Loin de la règle d'or...

Beaucoup de publicités pour des produits du petit-déjeuner (par exemple les céréales riches en vitamines et minéraux qui prétendent fournir l'essentiel des besoins énergétiques de la journée) incitent le consommateur à penser qu'un seul aliment fait tout ! Ce qui est contraire au principe d'une alimentation équilibrée et diversifiée qui est pourtant la règle d'or...

Détournement de consommation

Les fabricants vantent régulièrement les mérites des apports nutritionnels à haute teneur énergétique contenus dans leurs produits. Marketing paradoxal s'il en est ! Car ces produits manufacturés nous détournent des aliments qui nous fournissent précisément les apports dont nous avons besoin : les fruits (remplacés par ceux contenus dans les céréales), l'eau ou le jus de fruit frais (recalés au profit du jus d'orange en bouteille), le pain (éclipsé par les biscuits pour petit-déjeuner), etc.

De la santé au capital santé

La notion de « santé » se heurtant à certaines limites en terme de crédibilité, elle est parfois remplacée par celle de « capital santé ». En clair, les céréales ne nous soignent plus (cette promesse marketing était trop sujette à caution), elles contribuent désormais à mieux nous défendre contre les assauts du temps. À bon entendeur...

Sucre et lait menteurs

Certains fabricants ont l'art et la manière de présenter leurs aliments comme hautement bénéfiques pour la santé. Des producteurs de sucre expliquent ainsi qu'un pamplemousse, un jus de fruits, une compote ou un yaourt sont bien meilleurs avec du sucre et que c'est grâce à ce dernier que nous pouvons faire le plein de vitamines et de calcium… Il fallait y penser ! D'autres comparent leur produit à du lait, en oubliant qu'il est surtout bien plus sucré et plus gras que lui. Et que dire du surréaliste « Kinder, idéal à 10 h 00 pour bien manger à midi », slogan qui a fort heureusement disparu de la stratégie marketing du chocolatier…

Le « s » qui change tout…

« Sucre » sans « s » est synonyme de saccharose. C'est le sucre traditionnel, en poudre ou en morceau, que l'on utilise pour sucrer son café ou saupoudrer les fraises. La mention « sucres » avec un « s », que l'on trouve par exemple sur les étiquettes des jus de fruits, renvoie quant à elle aux glucose, fructose et autre lactose. Or, si tous ces sucres ont une valeur sucrée, tous n'ont pas un pouvoir sucrant équivalent et certains sont plus « méchants » que d'autres…

Boisson trompeuse

En 2005, l'entité Nestlé Waters Marketing et Distribution a été condamnée pour publicité susceptible d'induire le consommateur en erreur. Produit incriminé : les bouteilles d'eau aromatisée 33 cl de la marque Vittel arborant le slogan « goût trop la pêche » et la promesse marketing « riche en calcium ». Ces bouteilles ressemblent fortement aux bouteilles d'eau minérale Vittel (à proximité desquelles elles étaient placées dans les rayons) mais, différence non signalée sur l'emballage, contiennent 50 g de sucre par litre (l'équivalent de huit morceaux de sucre) contre 0 g pour l'eau minérale naturelle…

Tartines antirides

Elles sont apparues en pharmacie et parapharmacie à l'été 2005. Elles, ce sont les premières confitures antirides (Norélift). Vendues en pots de 120 gr, elles se déclinent en plusieurs parfums et peuvent se consommer à la petite cuillère ou sur une tartine. Après le yaourt anticholestérol, la tartine antirides est la dernière née de la famille des alicaments.

8 h 45

Quelques minutes pour répondre aux mails

Comment le e-marketing pénètre dans notre intimité !

 Épisode 2

« Attention,
Internet te surveille ! »

Tandis que Xavier débarrasse la table du petit-déjeuner, Catherine entreprend de consulter ses mails sur son ordinateur. Elle invite Bertrand à la rejoindre pour lui montrer le dernier PC que Xavier et elle viennent d'acquérir. Elle se connecte…

Catherine : Ah, voilà les mails que j'attendais. Ceux-ci en revanche ne me disent rien ; ils m'ont tout l'air d'être des courriels de démarchage commercial. Au fait, comment les sociétés font-elles pour obtenir mon adresse électronique ?

Bertrand : Cela ne leur est pas très difficile. Tous tes appels internet transitent par ton fournisseur d'accès qui peut connaître chacune de tes connexions à la seconde près grâce au numéro d'identification de ton ordinateur, ta fameuse adresse IP (pour Internet Protocol).

Catherine : Mais, c'est du pillage en règle !

Bertrand : Du pillage d'e-mails, oui. On peut le dire ainsi. Et c'est ce qui explique la présence de tes courriels non désirés. Les responsables de cette « peste électronique » sont ce que l'on appelle des « robots spammeurs », à savoir des ordinateurs dont la seule fonction est de se promener sur la toile à la recherche de tout ce qui entoure le caractère @ !

Catherine : Et après ?

Bertrand : Tes mouvements ainsi collectés sont enregistrés, conservés et analysés. Les marketeurs étudient les sites que tu consultes, les pages sur lesquelles tu passes le plus de temps et celles que tu télécharges. Ils repèrent également la fréquence et le type d'achats que tu effectues en ligne...

Catherine : Comment se procurent-ils ces renseignements ?

Bertrand : Il leur suffit de s'adresser aux opérateurs, lesquels connaissent de surcroît ton état civil, ton adresse et tes coordonnées bancaires. Ensuite, le marketing prend le relais, actualise en temps réel ton comportement d'internaute et détermine ton profil de consommatrice en fonction de tes centres d'intérêt et de tes recherches sur la toile.

Catherine : Cela fait froid dans le dos. Mais rassure-moi : le contenu de mes mails, lui, il est tout de même confidentiel ?

Bertrand : À peu près autant qu'un secret que tu partagerais avec cinquante de tes copines ! En fait, tes courriels peuvent être lus à chaque étape de leur acheminement. Ils peuvent aussi être dupliqués sans que tu t'en aperçoives et gardés en mémoire pour être étudiés et nourrir des bases de données.

Catherine : Quel contraste avec l'espace de liberté qu'est supposé représenter internet. Ce que tu décris-là est plus proche d'une immense centrale de contrôle commercial...

Bertrand : Hélas oui !

Catherine : A-t-on un moyen quelconque de se défendre face à ce phénomène ?

Xavier *(qui suit la conversation depuis la cuisine)* : Moi, j'en vois bien un : tu n'as qu'à passer moins de temps sur l'ordinateur avec tes copines...

Bertrand *(taquin)* : Xavier a raison, mais plus sérieusement, il existe certaines parades, mais elles sont techniquement compliquées à mettre en place. Tu peux, par exemple, adresser tes demandes à des serveurs relais, localisés à l'étranger, qui échappent à certains contrôles. Tu peux aussi utiliser des logiciels dits « anonymiseurs » qui renvoient tes demandes sur des sites sanctuaires et rendent plus difficile ton identification. Mais ces méthodes nécessitent une connaissance de l'informatique que peu d'internautes ont.

<u>Catherine</u> : Autrement dit, il est difficile de protéger son intimité dès lors que l'on n'est pas une informaticienne chevronnée...

<u>Bertrand</u> : C'est un peu cela, oui. Mais il existe tout de même des éléments rassurants. L'univers des e-fichiers n'est plus la jungle d'il y a quelques années. Les mœurs se sont assainies, les directives européennes se sont multipliées et l'offre est désormais plus structurée et plus conforme aux mécanismes économiques...

<u>Catherine</u> : En tous les cas, lorsque l'on prend conscience de ces techniques et de ces énergies déployées, on imagine qu'il doit y avoir beaucoup d'argent en jeu...

<u>Bertrand</u> : Énormément. À force d'entendre que le e-commerce allait connaître le succès, la chose devait bien finir par arriver... C'est aujourd'hui le cas ! Le chiffre d'affaires du commerce électronique français a atteint 7,4 milliards d'€ en 2005 et on estime que plus d'un internaute sur deux fait désormais ses emplettes sur la toile. Le e-commerce est en plein boom, il n'est donc pas surprenant que le net-marketing le soit aussi...

 Décryptage

Nos clics
collectés à des fins commerciales

Le contexte

Sur internet, chaque connexion laisse une empreinte indélébile. La manière dont nous surfons, les sites que nous consultons, nos achats en ligne... chacun de nos clics peut être enregistré et conservé. Les entreprises ont compris l'intérêt qu'elles pouvaient tirer de ces renseignements et ne se gênent pas pour les collecter à des fins marketing.

La stratégie des entreprises

Elle est simple : utiliser et interpréter toutes les données nous concernant, recueillies grâce à internet, afin de dresser notre profil de consommateur et nous proposer les offres commerciales correspondantes. Par rapport aux enquêtes marketing classiques, le net offre en effet des solutions plus rentables et plus rapides : les études sont pratiquées en temps réel et les résultats actualisés en permanence, évitant ainsi les coûteuses enquêtes avec constitution de panels et de questionnaires...

Le mécanisme utilisé

Le courrier électronique est l'un des outils les plus puissants
d'Internet et constitue une interface privilégiée
pour la remontée d'informations

Il permet de surcroît de nombreuses applications marketing, devenant outre une source de renseignements, un canal privilégié de marketing direct et relationnel

Ces deux caractéristiques font de l'e-mail un point de départ idéal pour une politique de marketing *one to one* (individualisé)

Jour après jour, chacun de nos clics renforce cette personnalisation, en général à notre insu

La connaissance sans cesse plus fine de notre profil, alliée à la souplesse et au faible coût de l'Internet, permet à l'entreprise de diffuser des offres commerciales rentables et ciblées

Quelques illustrations

Sony s'implante sur notre ordinateur. Fin 2005, un expert américain a découvert que la maison de disques Sony-BMG installait sur les disques durs de ses clients et à leur insu, un « rootkit » (logiciel permettant de recueillir des données) simultanément à son fichier de protection contre les copies. Devant le scandale soulevé par cette affaire aux États-Unis, Sony-BMG a retiré de la vente 4,6 millions de CD qui contenaient ce système.

Blanchiment de fichiers... L'e-mail est un outil particulièrement performant pour collecter des contacts commerciaux. Dans certains cas, l'objectif d'une campagne e-mail sur un fichier loué (dont le mode de collecte des adresses peut être douteux) n'est d'ailleurs pas de réaliser des transactions, mais de se constituer directement une base de données « propre » de prospects. Du blanchiment de « fichiers sales » en quelque sorte ! Un préalable indispensable à l'envoi de messages électroniques à des fins de prospection directe (spamming) puisque la collecte d'e-adresses est désormais très encadrée par la loi...

Recrutement de membres. Notre adresse électronique et nos habitudes de « surf » sont des données de premier choix pour les clubs de livres ou de vidéos dont l'objectif est de recruter des membres et de « faire de l'adhésion ». Ceux-ci utilisent en effet des offres incitatives fortes qui se prêtent bien au recrutement en ligne.

Le « pay per call ». Cette forme de e-publicité consiste à afficher un message publicitaire en fonction de la requête effectuée par un internaute dans un moteur de recherche. À la différence du « pay per click » (où les annonces

renvoient à un autre site web), avec le « pay per call »,
c'est un numéro de téléphone qui apparaît. Une technique plus efficace d'après les spécialistes : « un commercial talentueux au bout du fil obtiendra toujours plus de
résultats qu'une page web, aussi réussie soit-elle »...

Décodage

Le net,
terrain d'action des cybermarketeurs

Le e-mailing en pointe

Le marché de la location d'adresses électroniques est en pleine expansion et les bases de données internet sont parmi les plus structurées qui soient. Et pour cause, le moindre clic de souris est une mine d'informations. Les internautes enregistrés sur les sites de commerce électronique sont une cible de choix et alimentent en permanence les fichiers sans s'en rendre compte. Que vous soyez « wanadien », « freenaute », « webmailien » ou autre, vous êtes sûrement déjà catégorisé et analysé…

Le défi du « permission marketing »

Le principal problème des fichiers d'e-mailing réside dans le fait qu'ils doivent normalement disposer de l'accord de chaque internaute recensé (selon les directives européennes en vigueur). « L'opt-in », aussi appelé « permission marketing » (c'est-à-dire les fichiers constitués avec « acquiescement »), ne représenterait pourtant que 5 % de la population internaute ! 95 % des adresses étant « aspirées » par des robots de manière sauvage… « Annoncer aujourd'hui 15 millions d'adresses en permission marketing est une aberration complète » admet un spécialiste des fichiers électroniques. On ne compte pourtant plus les propriétaires-loueurs de fichiers qui proposent une telle offre…

Les super-panels

Comme leur nom l'indique, les super-panels ont une taille plus importante que celle des panels traditionnels. Ils ont été créés pour faire face à la principale limite des panels de mesure d'audience sur Internet : un nombre de panélistes insuffisant pour assurer une fiabilité des résultats. L'initiateur de ce principe est une société américaine, Comscore, qui a créé un panel revendiquant plus de 2 millions de membres au début de l'année 2006. En France, le super-panel de la société Mediamétrie revendique déjà plus de 30 000 membres.

Des cookies aux spywares

Les « cookies », ces petites empreintes qui se déposent à notre insu sur notre disque dur lorsque nous consultons un site pour la première fois, sont aujourd'hui facilement détectés (et effacés) par les navigateurs. Des techniques plus sophistiquées leur ont donc succédé, en particulier les spywares, véritables logiciels espions que nous importons malgré nous sur notre ordinateur lorsque nous téléchargeons des logiciels gratuits, supposés nous aider, et qui permettent en réalité d'épier nos connexions et correspondances...

La « net- familiarité » des marketeurs

Créer de la familiarité et de la référence à soi sur internet est une technique très prisée des marketeurs. La familiarité est en effet un « activateur » de l'acte d'achat, qui peut se traduire de différentes manières. Ainsi le signataire d'un mail commercial portera étrangement fréquemment le même prénom que celui du prospect. Les enquêtes marketing montrent en effet le rôle positif de la similarité du prénom (quatre fois plus de réponses favorables qu'avec un prénom autre).

Astuces pour professionnels

Les sites internet dédiés aux professionnels de l'e-marketing regorgent de conseils, à l'image de cette « astuce » trouvée sur l'un d'eux : « Dans une logique de permission marketing, les internautes doivent cocher la case leur offrant de recevoir une newsletters ou des offres promotionnelles par e-mail. Bien sûr, dans ce cas, le taux d'abonnés est plus faible que lorsque la case est pré-cochée et certains individus pouvant être potentiellement intéressés ne s'abonnent pas, tout simplement parce qu'ils n'ont même pas conscience de l'offre qui leur est faite. Pour limiter cette déperdition, la solution la plus simple est de prévoir deux cases dont une est à cocher obligatoirement. De cette manière on s'assure que l'internaute a pris conscience de l'offre d'abonnement qui lui est faite car un message d'erreur apparaît si aucune case n'est cochée. »

Marketing viral

Ce nom inquiétant désigne le mode de promotion d'une offre marketing par les internautes eux-mêmes (qui « recommandent » l'offre à leurs proches ou leurs collègues). L'offre se diffuse alors comme un virus. Cette recommandation peut être spontanée en fonction de la valeur de l'offre ou rémunérée via un système de parrainage. En 2005, Cetelem a lancé sa première campagne de marketing viral pour informer les internautes sur le crédit à la consommation. Avec plus de 400 000 visiteurs enregistrés, cette opération marketing a permis à l'établissement de crédit de faire connaître son site auprès des moins de 30 ans (qui représentent un quart de sa clientèle).

9 h 30
Et si on allait faire le marché ?

Comment le marketing
a discrètement investi
les étals des commerçants...

Épisode 3

« Une jolie musique
qui n'a pas été choisie au hasard... »

Catherine et Xavier sortent en compagnie de Bertrand, acheter quelques fruits et légumes frais sur le petit marché forain qui se déploie chaque vendredi au bout de leur rue. Tandis qu'ils arrivent à hauteur des premiers étals, des haut-parleurs diffusent une douce musique...

Catherine : J'aime bien ce marché. Les commerçants sont sympas et ils ont de bons produits. En plus, l'atmosphère est chaleureuse et conviviale...

Bertrand : Oui, les marchés sont souvent des lieux très agréables. Mais tu sais que contrairement aux apparences, ce sont des endroits où le marketing tient une place importante. Prend simplement l'exemple de cette petite musique d'ambiance ; elle a l'air tout ce qu'il y a de plus anodin, elle influence pourtant les comportements d'achat des chalands et n'a pas été choisie au hasard...

Xavier : Tu en es certain ?

Bertrand : Tout ce qu'il y a de plus sûr ! Les tests marketing prouvent de manière indéniable qu'une musique en adéquation avec le lieu et les produits a de réels effets sur le comportement du consommateur. C'est pour cela que les magasins « Nature et Découvertes » diffusent des mélodies apaisantes, les boutiques de vêtements pour adolescents de la musique techno et le bar à tapas du coin, du flamenco et du folklore espagnol...

Catherine : J'avais effectivement déjà entendu parler de l'importance des ambiances musicales pour les lieux fermés tels que les magasins ou les restaurants ; mais je ne pensais pas que cela fonctionnait aussi pour les marchés en plein air...

Bertrand : Si. J'ai en mémoire une expérience menée il y a quelques années sur un marché forain d'une grande ville de province assez touristique. Des commerçants y tenaient un stand de petits objets attrayants et peu chers : gadgets, jouets, jeux, bibelots, ustensiles ménagers... Ils avaient accepté de se prêter à un test qui consistait à diffuser par séquences une musique gaie et enjouée et à mesurer l'impact de cette musique sur le temps passé par les clients sur le stand, ainsi que sur le montant de leurs achats...

Xavier : Et quel a été le résultat de l'expérience ?

Bertrand : Un résultat très net. Le temps passé par les consommateurs à farfouiller dans les objets étalés sur le stand passait du simple au double lorsque la musique était diffusée. Le taux d'achat (c'est-à-dire le nombre de personnes faisant l'acquisition d'un ou plusieurs objets) était lui aussi multiplié par deux dans les phases d'ambiance musicale. Et le chiffre d'affaires (à nombre d'acheteurs égal) était de 10 % plus élevé...

Catherine : Et ce résultat est valable quel que soit le style de musique diffusé ?

Bertrand : Non, le choix du tempo est primordial. Le rythme de la musique a une influence considérable sur le comportement ambulatoire des clients. Un tempo lent tend à ralentir la vitesse de déambulation, un tempo rapide à l'augmenter. Et ce rythme affecte le résultat des ventes. Tous autant que nous sommes, nous avons en effet incons-

ciemment tendance à ralentir le pas et à prêter plus d'attention aux produits (donc à acheter davantage) lorsque nous
écoutons une musique lente et douce…

Catherine : Pourtant, cela doit être variable selon les
individus ; il y a des personnes qui préfèrent les musiques
rythmées et qui ne sont pas sensibles aux rythmes lents,
même lorsqu'elles font leurs courses…

Bertrand : Étonnamment, ce n'est pas une question de goût
personnel. Plusieurs études ont en effet montré que c'est
notre cœur qui est notre métronome. Et si les musiques à
tempo lent (entre 65 et 75 battements à la noire par
minute) ont une influence plus importante que les musiques
à tempo rapide sur notre comportement d'achat, c'est
parce que 65 à 75 battements par minute constituent tout
simplement la moyenne du rythme cardiaque de l'être
humain au repos !

Xavier : Voilà qui est fascinant !

© Groupe Eyrolles

 Décryptage

« 2,99 € le kilo de tomates », prix magique !

Le contexte

Contrairement à ce que l'on pourrait croire, les prix qui se terminent par « 9 » ne sont pas une invention du marketing. Ils étaient utilisés en Amérique dès la fin du XIXe siècle par les commerçants qui voulaient éviter les vols commis par leurs propres chefs de rayons. Marteaux et tournevis étaient vendus 2,99 $ au lieu de 3 $, ce qui imposait de rendre la monnaie au client (à l'époque les paiements s'effectuaient en liquide) et obligeait le responsable de rayon à revenir à la caisse centrale faire l'appoint (donc à ne plus conserver l'argent sur lui...). Depuis, les prix à terminaison « 9 » (9,99 € au lieu de 10 €) se sont généralisés et représentent deux étiquettes sur trois, sur les marchés comme ailleurs...

La stratégie des entreprises

Elle consiste très simplement à jouer au maximum sur l'effet de sous-évaluation induit par les prix se terminant par « 9 », afin de favoriser l'acte d'achat (lire le mécanisme ci-dessous).

Le mécanisme utilisé

Les études sur la psychologie du consommateur montrent que les produits dont le prix se termine par « 9 » sont perçus comme moins chers par les clients

Cette perception est due à l'effet dit de « sous-détermination » : un prix finissant par « 9 » est inconsciemment jugé intéressant et familier, tandis qu'un prix à terminaison pleine (« 0 ») est inconsciemment surestimé. Ainsi lorsque deux produits sont affichés respectivement à 200,00 € et 199,99 € (donc à un prix quasiment identique), le consommateur lira inconsciemment 299,00 € et 199,00 €

De la même manière, baisser le prix d'un produit de 15,00 € à 12,99 € conduit le client à percevoir une plus forte remise que de le diminuer de 15,00 € à 13,00 €, même si la différence est infime

Les commerçants (pas uniquement ceux des marchés) utilisent largement cette technique : une barquette de fraises à 5,99 € « coûte » 5 € dans l'esprit du client, alors que celui-ci la paye en réalité quasiment 6 €

Quelques illustrations

 Prix magique. Au sens marketing du terme, un prix magique est un prix rond pour les petits montants (par exemple, « tout à 1 € » ou « tout à 2 € ») et un prix à terminaison « 9 » (9,99 €, 4 990 €…) pour les montants plus élevés. Il correspond dans le premier cas à la valeur d'une pièce, tandis que dans le deuxième cas, il se situe juste en deçà d'un seuil psychologique.

 Des nouveaux prix magiques depuis l'euro. C'est une lapalissade de le rappeler, mais le passage à l'euro a provoqué la flambée des prix de certains produits. En particulier ceux concernés par les prix magiques. L'exemple le plus significatif étant celui de l'express, le petit noir pris au café sur un coin de table. Fréquemment facturé 10 F (la pièce) avant le passage à l'euro, il s'est retrouvé du jour au lendemain à 2 € (la pièce de 2 € ayant remplacé la pièce de 10 F dans l'utilisation quotidienne), soit un peu plus de 13 F ! Une augmentation qui n'a rien de magique…

 Plus petit après la virgule… Dans la série des « prix magiques », une technique assez répandue sur les étals des commerçants comme dans les rayons des magasins (et sur certaines affiches promotionnelles) consiste à inscrire en plus petit caractère le «,99 » qui suit le premier chiffre. L'œil est ainsi interpellé par le gros chiffre initial (le premier 9, de 9,99 €) et « arrondit » le prix à l'euro inférieur…

Les banques aussi, adeptes du « 9 ». Les banques et organismes de crédit présentent en général leurs taux d'intérêt avec des « 9 » après la virgule. Un taux à 3,99 % a en effet plus de chances d'être interprété comme 3 % que comme 4 %...

Décodage

Un marketing anodin en apparence, donc redoutable !

« 20 % de remise »

Il arrive fréquemment qu'en fin de marché, les commerçants aient besoin d'écouler leur stock. C'est ainsi que vers midi, sur l'étal de votre volailler, apparaît parfois la pancarte « 20 % de réduction sur les poulets rôtis à emporter ». Cette présentation de la promotion, en pourcentage, n'est pas anodine. L'annonce d'une baisse de prix en pourcentage est en effet plus efficace qu'en valeur absolue. Dans le cas de notre poulet, la mention « 20 % de réduction » donne l'impression au client de faire une meilleure affaire que la mention « 16 € au lieu de 20 € » ou que la mention « remise de 4 € ». Même si toutes reviennent au même...

Une tape amicale sur l'épaule peut faire gonfler l'addition

Les commerçants des marchés sont souvent des personnes joviales et sympathiques, qui instaurent au fil du temps une relation chaleureuse avec leurs clients. Si cette connivence semble anodine, elle ne l'est pas. Les études comportementales montrent par exemple que le contact tactile influence la consommation. Poignée de main ou tape amicale sur l'épaule, un client « touché » est favorablement incité à acheter les produits présentés. Tous les tests effectués confirment cet état de fait : un contact tactile avec le vendeur augmente le taux d'achat quel que soit le produit considéré...

Le tablier fait le boucher

« L'habit ne fait pas le moine » dit le proverbe. En marketing, si ! La tenue vestimentaire est commercialement déterminante. Dans une expérience faite il y a quelques mois sur un marché parisien, deux bouchers tenaient chacun un stand, l'un à côté de l'autre. Ils avaient le même linéaire et vendaient les mêmes produits, strictement au même prix. Détail important : les deux étaient inconnus sur ce marché qu'ils fréquentaient pour la première fois. Le premier était habillé « en civil » (pantalon et pull) tandis que le second était vêtu d'un tablier blanc maculé de quelques taches de sang, attribut classique du boucher. Sur les trois heures qu'a duré le test, le boucher « en tenue de boucher » a fait 70 % de chiffre d'affaires de plus que son voisin en pull-over…

Le sourire du fromager

Les commerçants des marchés sont en général souriants et de bonne humeur. C'est la moindre des choses diront les clients. C'est essentiel dira le marketeur… Le sourire induit le sourire, crée un lien amical et favorise une évaluation positive du commerçant par le client. En un mot, il rend plus réceptif… Si votre fromager vous sourit franchement, et si en plus il vous regarde dans les yeux, alors l'efficacité du contact est indéniable et influence (tests marketing à l'appui) le montant des achats.

« Bonjour, alors comment ça va ce matin ? »

Selon les spécialistes de l'influence sociale, cette petite phrase rituelle du commerçant ne serait pas aussi anodine que l'on pourrait le penser. Le fait de demander à quelqu'un comment il se porte, pour banal qu'il paraisse, serait un facteur accroissant (constaté et vérifié à plusieurs reprises) de sa prédisposition à la consommation et à l'achat… Les marketeurs appellent cette influence comportementale la technique « du pied dans la bouche ». Tout un programme…

11 h 15
Passage par la boulangerie

Comment le marketing olfactif
nous mène par le bout du nez !

 Épisode 4

« Quelle bonne odeur
de pain chaud ! »

De retour du marché, Catherine, Xavier et Bertrand font une halte à la boulangerie pour acheter du pain. Arrivés à proximité de l'établissement, ils sont stimulés par une agréable odeur de pain chaud et de viennoiserie sortie du four…

<u>Catherine</u> : Quelle senteur agréable ! Elle m'ouvre l'appétit…

<u>Bertrand</u> : C'est précisément sa fonction ! Les odeurs sont aujourd'hui l'objet de toutes les attentions des marketeurs. Elles sont utilisées pour créer une atmosphère agréable, certes, mais aussi et surtout pour inciter à l'achat ou devenir un signe distinctif, une signature olfactive, ce que le logo est à la vue si tu préfères. Le parfum a désormais un rôle marketing ; il est même devenu un produit d'appel depuis que l'acte d'achat a cessé d'être considéré comme un geste rationnel et que l'on a compris que le consommateur était un être « polysensoriel » qui appréhende les produits avec ses cinq sens.

<u>Xavier</u> : Un être « polysensoriel » ?

<u>Bertrand</u> : Oui. Différentes études ont montré que nos cinq sens sont étroitement liés et participent tous à notre système perceptif. Elles ont donné naissance à une nouvelle discipline : le marketing sensoriel, dont l'objectif est de solliciter un ou plusieurs sens pour séduire le consommateur. Si la vue, le toucher et le goût font depuis longtemps partie intégrante des stratégies commerciales, le marketing sensoriel en tant que discipline à part entière est apparu lorsque les industriels ont commencé à exploiter les deux autres

sens : l'ouïe et l'odorat. Quel bruit doit faire la portière de la voiture lorsqu'on la claque pour susciter un sentiment de luxe, de confort et de qualité de fabrication ? Quelle odeur incitera le client à prolonger sa visite chez ce marchand de meubles ? Ce sont les réponses à ces questions que le marketing sensoriel intègre dans la démarche commerciale de l'entreprise...

<u>Catherine</u> : Pour quelle raison l'utilisation marketing de l'odorat est-elle arrivée si tardivement ?

<u>Bertrand</u> : Parce que le maniement de l'odeur est délicat ; la frontière entre l'attirance et la répulsion est très mince et délicate à maîtriser. Une odeur agréable pour un client peut être insupportable pour un autre. En outre, des cinq sens, il semble que l'odorat soit celui qui véhicule la plus grande valeur émotionnelle (les pédiatres affirment d'ailleurs que le bébé perçoit les odeurs avant de pouvoir distinguer les sons, les couleurs et les textures). L'odorat est également capable de ressusciter des sensations profondément enfouies dans notre mémoire... Bref, il constitue certainement le sens le plus subtil et le plus complexe que nous possédions.

<u>Xavier</u> : Comment les entreprises et les commerçants développent-ils ce nouvel axe marketing si complexe ?

<u>Bertrand</u> : Il existe de multiples façons de flatter l'odorat du consommateur. Certaines grandes surfaces diffusent de l'air iodé au rayon poissonnerie et des senteurs de produits de saison au rayon fruits et légumes. D'autres utilisent une odeur faisant office de « rampe olfactive » pour guider les clients à travers les étages du magasin. Une célèbre marque de cognac a diffusé à 200 000 consommateurs de spiritueux un mailing comprenant un « leaflet » (prospectus) avec une photo à frotter et à sentir. Un afficheur a mis au point un réseau d'affichage olfactif et propose aux annonceurs de choisir parmi 400 fragrances disponibles (basilic, lavande,

chocolat, capuccino…) celle qu'il souhaite associer à son message publicitaire. Tout au long de l'année, des commerçants testent des dispositifs de diffusion d'arômes, etc., etc. La liste est longue…

Catherine : Et quelle est l'efficacité de ces actions ?

Bertrand : Plusieurs tests marketing attestent que telle ou telle odeur conduit plus favorablement à orienter les choix d'achat. Ils montrent aussi que la diffusion de fragrances dans les points de vente fait perdre aux clients la notion du temps qui passe, ceux-ci restant, en moyenne, un quart de temps en plus dans les magasins qui sentent bon. Il apparaît de surcroît que la mémoire olfactive est plus tenace que la mémoire visuelle. Si vous habituez un client à une odeur, même de manière fortuite, il se souviendra de vous dès qu'il sera de nouveau confronté à ce parfum, et ce, même après plusieurs années…

Catherine : En fait, le marketing olfactif ne fait que reproduire le syndrome de la madeleine de Proust…

Bertrand : D'un certain point de vue, oui. Mais le plus important est que se faisant, il est en phase avec les aspirations des consommateurs. Au début des années 1990, les clients se tournaient vers l'utile et le fonctionnel. Aujourd'hui, c'est le désir d'émotions qui domine les comportements d'achats. Pour certains sociologues, cette évolution s'expliquerait par une recherche de compensation face au développement du monde virtuel et par une envie de revenir à des produits qui éveillent les sens. D'autres avancent que si pour beaucoup de consommateurs, l'affectivité, la sensualité et le plaisir sont devenus plus importants que le prix dans l'acte d'achat, c'est parce que la plupart des produits sont techniquement identiques…

<u>Xavier</u> : Le marketing olfactif peut-il aussi être « manipulateur » ?

<u>Bertrand</u> : Tout à fait, et ce au même titre que ses cousins que sont les marketing visuel, gustatif, sonore ou tactile ! Les exemples sont nombreux : la présentation du pain dans un environnement de boulangerie traditionnelle à l'intérieur d'une grande surface qui propose des baguettes fabriquées de manière industrielle ; la diffusion d'une odeur de cuir pour promouvoir des canapés en skaï... Tout ceci revient à tromper le consommateur en lui faisant croire que le produit détient des qualités qu'il n'a pas. J'ai tendance à considérer qu'il s'agit ni plus ni moins de publicité mensongère mais la législation en matière de diffusion d'odeur est encore floue...

<u>Catherine</u> : En tout cas, la bonne odeur de pain qui sort de chez mon boulanger, elle au moins, elle n'est pas factice...

 Décryptage

Des odeurs
pour renforcer l'identité des marques

Le contexte

Les analyses classiques des « besoins et motivations » ne suffisent plus à rendre compte du comportement du consommateur, très sollicité par l'environnement dans lequel il effectue ses achats. La perception du produit entraîne une réaction du client qu'il convient désormais de prendre en compte. Les stimulations sensorielles ont un double impact sur le consommateur : elles induisent une réaction spontanée (« cela sent bon ») et participent à la formation d'un jugement de valeur (« c'est propre »). Le marketing olfactif séduit ainsi de plus en plus d'entreprises…

La stratégie des entreprises

Elle est à « double détente » :

– Sur l'instant, le marketing olfactif permet de favoriser l'achat d'impulsion, de se différencier de la concurrence sur le lieu de vente, et de créer un climat de bien-être incitant le client à « rester plus longtemps dans la boutique ».

– Sur la durée, le marketing olfactif permet de renforcer l'identité de la marque, de créer un signe de reconnaissance spontané par rapport à celle-ci, et d'améliorer l'image de qualité associée à un produit (l'odeur de baume d'antiquaire chez les marchands de meuble, l'odeur de cuir chez les vendeurs de canapés…).

Le mécanisme utilisé

Les récentes analyses sur le comportement du consommateur montrent que celui-ci se laisse plus volontiers guider par ses impulsions et ses émotions que par la raison

Les entreprises développent donc un marketing sensoriel qui s'attache à exploiter les expériences vécues par le client. Ces expériences ont des dimensions émotionnelles, cognitives et comportementales et plus seulement fonctionnelles

Des différents marketings sensoriels, le marketing olfactif est celui qui œuvre le plus dans l'inconscience de nos goûts et nos inclinations. Un parfum, une senteur, une atmosphère font partie de nos souvenirs inconscients et ont la capacité de jouer sur nos émotions. Stimuler notre mémoire olfactive, c'est donc exploiter tous nos sens

Le parfum a, par exemple, pour effet immédiat de nous détendre et de nous faire passer plus de temps dans les magasins qui « sentent bon ». Des augmentations de chiffre d'affaires de 10 à 20 % ont également été observées…

De la même manière, sur le long terme, un produit, une entreprise ou un lieu de vente peuvent revendiquer un territoire olfactif. Une « signature olfactive » renforce notamment l'identité d'une marque en la différenciant de la concurrence

Quelques illustrations

À *chaque odeur son évocation.* Les odeurs ont en quelque sorte leur « territoire » et doivent être utilisées à bon escient. Une marque de luxe choisira des odeurs de cuir et de fleur d'oranger, un magasin de friandises diffusera des fragrances fruitées et caramélisées, une agence de voyage privilégiera des effluves d'iode et de sable chaud, un coiffeur-manucure optera pour des parfums de la forêt et des senteurs naturelles qui développent le sentiment de bien-être, un opticien pourra utiliser des ambiances de vanille, de miel ou de lait car elles sont rassurantes…

Au commencement étaient les machines à sous. C'est à un grand casino de Las Vegas que l'on doit le concept du marketing olfactif. Après avoir constaté que les clients dépensaient beaucoup plus d'argent lorsqu'ils baignaient dans les odeurs florales subtilement diffusées dans l'aire réservée aux machines à sous, les gérants du casino en question ont décidé de généraliser le système à l'ensemble de leurs salles de jeux…

Dans la série… Dans la série « les objectifs du marketing olfactif visent à la fois à favoriser le bien-être des clients pour les fidéliser et à se démarquer de la concurrence », les exemples sont innombrables : les post-it parfumés à la fraise de la marque 3M, les gants ménagers qui laissent une bonne odeur de vanille sur les mains, les senteurs de thé et de pamplemousse diffusées dans les boutiques Caroll, l'encre parfumée des stylos BIC, les arômes de romarin ou de mangue des produits pour la vaisselle, les dosettes Minidou qui sentent bon le lait (rappelant l'enfance et du cocooning…), etc.

« *Ça se sent que c'est bon* »... C'est le slogan de la récente campagne odorante Harry's. Pour faire connaître ses petits pains précuits, la marque a communiqué sur 410 panneaux implantés dans les gares et stations RER de Paris et de banlieue parisienne. 100 de ces panneaux bénéficiaient d'un dispositif olfactif. Près de cinq millions de voyageurs ont ainsi pu respirer l'odeur de pain chaud...

Les constructeurs automobiles en pointe... Les constructeurs automobiles traquent les odeurs « d'usine » et les grincements de portes. Ils sont passés maîtres dans l'art de mettre au point de nouvelles sensations sonores, olfactives et tactiles. Certains designers sont ainsi chargés d'améliorer l'acoustique d'un moteur (pour lui donner plus de « velouté ») ou d'un claquement de portière (pour le rendre plus feutré). D'autres étudient les sensations perçues au toucher de l'habitacle (pommeau de vitesse, tableau de bord, volant) afin de sélectionner les matériaux les plus confortables. Enfin, les odeurs nauséabondes de plastique sont converties en fragrances neutres ou agréables.

Décodage

Les marques à l'affût des cinq sens

Comprendre les perceptions du produit

Les industriels instaurent des méthodes pour mieux comprendre la subjectivité des perceptions. Dans ce cadre, les études de marketing sensoriel sont devenues des étapes obligatoires des tests de prototypes et il n'est plus une grande marque qui n'utilise cette branche du marketing avant de lancer un nouveau produit. Mais le procédé est complexe. Difficile en effet d'exprimer les émotions suscitées par le toucher d'un pommeau de vitesse, le bruit d'un moteur, le glissant d'un stylo ou le croustillant d'un biscuit. La principale difficulté des testeurs étant de s'accorder sur le vocabulaire…

Répondre au besoin d'esthétique

L'homme a un besoin naturel d'esthétique. C'est même un besoin existentiel pour lui puisque la quête du « beau » commence sitôt les besoins primaires satisfaits. La vue est en outre le sens le plus sollicité et le plus stimulé par l'environnement. Le choix des couleurs et des formes lors de la conception d'un produit, de l'aménagement d'un point de vente ou de la réalisation d'une campagne publicitaire, constitue le travail de base des spécialistes du marketing visuel.

Couleur et alimentation

On sait depuis longtemps que la couleur conduit à percevoir différemment ce que nous mangeons ou buvons. Les marketeurs jouent beaucoup de ce principe. Votre limonade vous semblera plus désaltérante dans un verre bleu que dans un verre rouge et votre bière moins fraîche dans une chope non transparente. De la même manière, un papier rouge ou orange accentuera le caractère sucré d'un aliment, le jaune affirmera son caractère citronné et le blanc son caractère salé…

Musique et lieu de vente

Associer un style de musique à un lieu de vente est un axe marketing de plus en plus répandu. Une étude récente montre par exemple que la musique classique a plus d'impact que la variété dans une boutique de vins et spiritueux et qu'un morceau de musique connu a plus d'influence sur les sommes dépensées qu'un morceau inconnu. D'autres enquêtes prouvent qu'une musique française conduit plus favorablement à acheter des produits français tandis qu'une musique italienne prédispose à l'achat de produits transalpins.

Marketing gustatif

Les laboratoires des grands groupes alimentaires consacrent des moyens énormes à mieux comprendre le mécanisme du goût. L'enjeu de ces recherches est celui de la nature de l'information à fournir au consommateur. Il faut en effet se souvenir qu'un aliment possède trois valeurs : la première, nutritionnelle, varie selon les besoins de l'individu ; la deuxième, hygiénique, n'a jamais été aussi stricte qu'aujourd'hui. Ces deux valeurs sont des qualités premières qui peuvent être mises en avant par le marketing, à l'image des campagnes de communication de la marque Charal autour de la tendreté, de la traçabilité et du goût de ses viandes. Quant à la troisième valeur, le plaisir du goût, elle relève du registre de l'éducation et doit s'apprendre…

Baguette menteuse

Dans son ouvrage intitulé « *Arômes dans notre assiette, la grande manipulation* » (éditions Terre vivante), le journaliste Hans-Ulrich Grimm relate que la soupe ment, que le pain du boulanger n'est plus tout à fait honnête et que les brioches et les croissants doivent plus à la chimie et au marketing qu'à l'art de la pâtisserie. Le temps de cuisson est si court de nos jours que le goût de griller n'a plus le temps de se former ? Qu'importe, une pincée de poudre règle le problème comme par miracle et celui qui mord la brioche à belles dents n'y voit que du feu…

De l'importance du toucher…

Un toucher agréable induit une évaluation positive d'un lieu ou d'un produit. Les adeptes du marketing tactile sont ainsi de plus en plus nombreux. Le parfumeur Séphora utilise un tapis rouge moelleux qui participe au confort et au bien-être des clients qui déambulent dans la boutique (les incitant ainsi à la flânerie… et à l'achat) ; les salles de cinéma UGC proposent des fauteuils ergonomiques et agréables au toucher ; les grands restaurants étudient le poids des couverts, l'épaisseur des verres, la texture de la serviette et le confort de la chaise pour qu'ils participent au plaisir du repas. Le constructeur automobile Renault fait d'importantes recherches sur le toucher du volant, du pommeau de vitesse et de la sellerie, afin de procurer au conducteur des sensations de bien-être et de sécurité…

11 h 36
Un crochet par la boîte aux lettres

Comment
les brochures publicitaires
nous influencent…

Épisode 5

« La boîte aux lettres envahie ! »

Catherine, Xavier et Bertrand rentrent du marché. Avant de regagner l'appartement, ils s'arrêtent un instant dans le hall de l'immeuble pour ramasser le courrier du jour. La boîte aux lettres est inondée de prospectus publicitaires…

Catherine : Mais pourquoi donc les publicitaires nous assomment-ils avec autant de dépliants ?

Bertrand : Tout simplement parce que ces brochures, même si elles te contrarient du fait de leur nombre, ont un réel effet sur le comportement d'achat.

Catherine : On dit pourtant que trop d'information tue l'information ; or des brochures comme celles-ci, on en reçoit plusieurs kilos par an…

Bertrand : Il est vrai que leur quantité pourrait nous faire douter de leur efficacité. Les mesures de retombées effectuées montrent pourtant le contraire. Les clients qui ont au préalable été exposés aux prospectus achètent plus de produits et effectuent des montants de dépenses supérieurs à ceux qui n'y ont pas été exposés.

Xavier : C'est étonnant. En ce qui me concerne, j'ai plutôt la sensation que ces dépliants n'ont aucun effet sur moi…

Bertrand : Peut-être parce que tu n'es pas conscient de l'impact de ce marketing sur ton comportement d'achat. En outre, des analyses complémentaires de données font ressortir que ce sont les consommateurs les plus âgés et les femmes qui consultent le plus fréquemment les documents publipostés. Tu ne fais donc pas partie du cœur de cible.

<u>Catherine</u> : En admettant qu'ils soient lus, ces documents ont-ils vraiment l'influence que tu prétends sur celui qui les reçoit ?

<u>Bertrand</u> : Oui. Même s'ils n'en n'ont pas l'air, ces documents sont d'une extrême précision. Par exemple, si les dépliants et petits catalogues mettent si souvent en avant le facteur prix, c'est parce qu'il est le plus déterminant dans l'acte d'achat. Quant aux lettres personnalisées, elles sont rédigées selon des schémas minutieusement calibrés, que les spécialistes du marketing direct connaissent bien, et qui ne laissent aucune place à l'improvisation. Chaque paragraphe, chaque phrase et chaque mot ont une fonction précise et joue un rôle dans le déclenchement de l'acte d'achat.

<u>Catherine</u> : Voilà qui est bon à savoir. Mais tout de même, je serais curieuse de connaître le taux de rentabilité de ce genre de démarchage…

<u>Bertrand</u> : Il est rentable, rassure-toi. Ce que tu reçois n'arrive pas dans ta boîte aux lettres par hasard. Les dépliants sont diffusés selon des zones géographiques qui correspondent à des éléments socio-démographiques parfaitement répertoriés. Par exemple, tu ne recevras jamais de publicité pour une tondeuse à gazon puisque tu n'habites pas dans une zone pavillonnaire ; en revanche, tu recevras régulièrement des publicités pour l'isolation phonique des murs puisque c'est l'une des préoccupations récurrentes des personnes qui vivent en appartement. Et puis, il y a les bases de données, qui sont des outils très efficaces pour les entreprises…

<u>Xavier</u> : Comment ces bases fonctionnent-elles ?

<u>Bertrand</u> : Elles sont le fruit d'un savoir-faire partagé entre les statisticiens et les marketeurs. Elles se présentent sous la forme de fichiers qui regroupent le maximum d'informa-

tions nous concernant : notre situation familiale, nos habitudes de consommation, nos loisirs, nos centres d'intérêt… Bref, tout ce qui permet de cerner notre profil et d'adapter ensuite l'argumentaire marketing qui a le plus de chance de faire mouche sur nous. Il s'agit en d'autres termes de personnaliser des actions de promotion et de communication marketing en fonction des attentes et du profil de chaque client ou prospect. À chaque individu doit correspondre une action ou une offre particulière, éventuellement unique. Le marketing « one to one » (c'est ainsi qu'il se nomme) s'enrichit de surcroît dans la durée, par la relation d'apprentissage.

<u>Catherine</u> : Mais c'est « Big Brother » que tu décris là…

<u>Bertrand</u> : Ce sont effectivement des outils de surveillance et d'analyse très aboutis. Mais ils ne sont pas sans contrôle. La loi oblige les entreprises qui procèdent au traitement automatisé d'informations nominatives à déclarer leurs bases de données à la Commission Nationale Informatique et Libertés (CNIL) et à les mettre en conformité avec les normes légales. La déclaration doit comporter des éléments précis comme les caractéristiques et le traitement du fichier, la liste des personnes qui y ont accès, la durée de conservation des informations et les dispositions prises pour assurer leur sécurité. En outre, tout consommateur doit normalement être informé de la collecte et du traitement des données le concernant.

<u>Catherine</u> : Il reste à espérer que tout le monde respecte ces dispositions, ce dont je doute fortement…

 Décryptage

Un marketing de proximité
d'une précision chirurgicale

Le contexte

Selon une récente enquête consacrée aux différents modes de diffusion, il ressort que 98 % des ménages français ouvrent leur boîte aux lettres tous les jours et que 93 % de ces 98 % regardent les publicités qu'ils reçoivent, même si ce n'est que pour y jeter un bref coup d'œil.

La stratégie des entreprises

Elle consiste à optimiser par tous les moyens ce lien direct quotidien avec le consommateur potentiel que constitue la boîte aux lettres.

Les outils des entreprises

Pour cela, le marketing développe différentes techniques : le mailing (« publipostage » en français) qui prend souvent la forme d'une lettre de prospection personnalisée, l'ISA (Imprimé Sans Adresse), nom technique du prospectus, etc. Ces documents peuvent sembler anodins tant ils sont nombreux et se ressemblent ; ils sont en réalité parfaitement ciblés, calibrés, et affinés à la virgule près dans le but de déclencher l'acte d'achat.

Le mécanisme utilisé

La quasi-totalité des Français examinent chaque jour
le contenu de leur boîte aux lettres

La diffusion postale est donc utilisée
comme moyen de communication de proximité

Les entreprises développent des outils de marketing direct
adaptés à ce mode de diffusion

Réalisés avec une très grande précision,
ils sont de vrais « mécanismes d'achat »

Les études d'impact montrent l'efficacité quasi systématique
de cette forme de marketing

Brochures, lettres promotionnelles et affichettes
ont un bel avenir dans nos boîtes aux lettres…

Quelques illustrations

Courrier adressé = courrier non adressé. Une publicité de La Poste parue en 2006 dans la presse profession-nelle stipule que « 93 % des Français lisent leur courrier publicitaire ». Cette campagne s'appuie sur une récente étude TNS Sofres/La Poste/Mediapost qui révèle que ce chiffre de 93 % concerne le courrier publicitaire adressé (les enveloppes nominatives) tandis que curieusement, pour le courrier publicitaire non adressé (les prospectus), ce chiffre est quasiment identique (92 %).

Drôles de bus. Peut-être avez-vous déjà reçu dans votre boîte aux lettres des petits paquets de cartes, sous film plastique, proposant des offres promotionnelles à condi-tion de retourner la carte à l'annonceur. Cette technique de marketing direct s'appelle le « bus mailing ». Elle offre l'avantage d'un coût relativement faible mais souffre sou-vent d'un ciblage approximatif.

Catalogue efficace. Ikéa, le géant suédois du meuble, s'est imposé en France sur le marché de l'ameublement domestique en distribuant chaque année plusieurs mil-lions de catalogues (très bien réalisés sur un plan marke-ting) dans les boîtes aux lettres.

Faux magazines, vrais prospectus. Certaines grandes marques diffusent des pseudo-magazines qui sont en réa-lité des brochures améliorées. À l'image de ce grand groupe lessiviel qui édite un magazine traitant de la beauté, de l'hygiène et de la mode. À l'intérieur de la revue, les articles promotionnels (agrémentés de coupons de réduction pour les marques du groupe), côtoient des enquêtes « journalistiques » censées apporter de la crédibilité à l'ensemble des informations…

« Boîtes à pubs ». C'est ainsi que certains usagers ont rebaptisé les boîtes aux lettres. Leur argument ? Celui de la quantité : si l'on ajoute les catalogues édités par la grande distribution, les tracts émanant des artisans et commerçants, et les journaux d'annonces gratuits, on arrive en effet au chiffre de 40 kg de prospectus par an et par boîte aux lettres (soit au total un million de tonnes de papier, ce qui représente tout de même 5 % de nos déchets ménagers).

Décodage

Bases de données
et accélérateurs de retours...

Notre profil en base de données

Pour lancer leurs campagnes marketing, les entreprises s'appuient sur des bases de données. Chacun de nous ou presque y est recensé et analysé. Ces bases contiennent des renseignements tels que notre nom, notre adresse, notre e-mail, notre pouvoir d'achat, certains de nos goûts et de nos centres d'intérêt... Ces renseignements proviennent de différentes sources : la gestion de la « relation client » (chaque information que nous donnons, même la plus anodine, est consignée et permet à l'entreprise d'accéder peu à peu à notre intimité), l'analyse des transactions (la carte de fidélité permet de faire remonter l'ensemble de nos achats et de les interpréter), etc.

Course aux « promocalculateurs » et aux « promophages »

Les entreprises qui utilisent les brochures publicitaires pour faire connaître leurs promotions ont classé les consommateurs en quatre grandes catégories par rapport à ces dites promotions : les « promophobes » (qui n'ont pas le temps de s'intéresser aux promos, sinon immédiates), les « prom-opportunistes » (ouverts à tout type de promos), les « promocalculateurs » (sensibles aux promotions financières présentées sur les brochures) et les « promophages » (zappeurs et très attentifs aux prospectus).

Profession : nettoyeur

Les entreprises mettent régulièrement à jour leurs fichiers de prospection (condition essentielle d'efficacité). En interne ou en externe, des « nettoyeurs » passent ainsi leurs journées à actualiser les données qui nous concernent : changement d'adresse, modification de nos caractéristiques familiales, migration de nos comportements d'achats…

« Accélérateurs de retours »

Il ne s'agit pas du dernier film de science-fiction imaginé par Steven Spielberg mais de l'une des plus anciennes techniques de marketing direct : les ristournes, cadeaux, loteries et autres concours qui font partie de l'arsenal indispensable pour impulser l'acte d'achat. Ce dopage artificiel prend de multiples formes : du « Recevez ce superbe livre si vous répondez sous huit jours » au « Bravo Madame X, vous avez gagné la cuisine de vos rêves » en passant par « Pour vous Monsieur, ce fabuleux briquet collector en remerciement de votre commande »…

AIDA, le leader

Parmi les schémas de marketing direct qui définissent paragraphe par paragraphe le contenu du courrier personnel que nous recevons dans notre boîte aux lettres, AIDA est le plus connu. « A » pour « Attirer l'Attention » (parler à l'interlocuteur de lui-même), « I » pour Intérêt » (répondre à la question principale du lecteur : qu'est-ce que cela m'apporte ?), « D » pour « Désir » (annoncer les avantages du produit) et « A » pour « Agir » (pour pousser un interlocuteur à agir, il est impératif de lui dire d'agir).

L'offre qui vous correspond, en temps réel

Certaines entreprises utilisent des modèles analytiques pour exploiter et alimenter en temps réel leur base de données clients. Ce système permet au conseiller de clientèle que vous avez au bout du fil de vous proposer, en clôture de conversation, une offre adaptée à vos besoins. En fonction des réponses que vous avez fournies quelques secondes plus tôt, le logiciel analyse votre profil et le conseiller voit apparaître sur son écran un script pour l'aider à développer son argumentation et répondre à vos éventuelles objections...

11 h 52
Quelques secondes pour consulter les SMS

Comment le marketing
utilise le téléphone portable
pour nous « capturer »...

Épisode 6

« Un mini-message
spécialement à mon attention »

Alors que Catherine, Xavier et Bertrand regagnent l'appartement, le téléphone portable de Catherine émet un signal sonore…

<u>Catherine</u> : Tiens, un nouveau SMS ! (elle se concentre quelques secondes sur l'écran de son mobile).

<u>Xavier</u> : Qui est-ce ?

<u>Catherine</u> : C'est un mini-message de mon assureur qui me rappelle une date de vaccination que je ne dois pas oublier.

<u>Xavier</u> : Comment se fait-il que ton assureur t'envoie ce genre de message ?

<u>Catherine</u> : Lorsque j'ai arrêté de fumer il y a quelques semaines, je me suis inscrite à un programme de coaching que cette compagnie propose à ses affiliés. Depuis, j'ai bénéficié de deux consultations téléphoniques avec des médecins spécialistes et je reçois régulièrement des SMS qui me conseillent sur le sevrage tabagique ou l'équilibre alimentaire, et me rappellent à l'ordre dès que j'approche de ma date de vaccination…

<u>Xavier</u> : Et tout ceci gratuitement ?

<u>Catherine</u> : Non, j'ai payé pour m'inscrire à ce programme, mais de mémoire, c'était vraiment peu cher…

<u>Xavier</u> : Quelle est la finalité de ce coaching proposé par l'assureur de Catherine et comment est-il viable financièrement ?

<u>Bertrand</u> : Pour répondre à ta première question, je dirais que le téléphone portable ne pouvait échapper aux griffes des marketeurs ! Les SMS permettent en effet aux annonceurs de lancer des campagnes de marketing direct en envoyant des offres ciblées et personnalisées sur les mobiles. Pour ce qui est de la rentabilité financière, cette forme de marketing vise surtout à fidéliser une clientèle ; sa rentabilité ne se mesure donc que sur le long terme...

<u>Xavier</u> : Mais d'après toi, c'est efficace ?

<u>Bertrand</u> : Très efficace même. Pour les annonceurs, le portable représente à la fois la proximité (il reste allumé en moyenne 14 heures par jour, rendant l'usager accessible à tout moment et où qu'il soit), la garantie de réception (pas de problème de mauvaise adresse), la réactivité (un SMS peut être lu immédiatement et l'information arrive en temps réel) et l'interactivité (en composant le numéro de téléphone inclus dans le message, l'usager peut facilement entrer en relation directe avec l'émetteur).

<u>Xavier</u> : Mais ces SMS, que contiennent-ils ?

<u>Bertrand</u> : Ils varient en fonction de la campagne promotionnelle mise au point par l'annonceur. Il peut s'agir de SMS informatifs (informer l'usager sur un nouveau produit), promotionnels (l'envoi de bons de réduction) ou encore ludiques (concours, jeux...). Il peut aussi s'agir, comme dans le cas de Catherine tout à l'heure, de SMS plus personnalisés ; c'est une technique marketing plutôt en vogue actuellement que l'on appelle le coaching mobile. De plus en plus d'annonceurs développent en effet des programmes d'accompagnement par le biais du SMS...

<u>Catherine</u> : Si je te suis bien, ces programmes sont en quelque sorte la suite logique des alertes SMS qui se généralisent depuis quelques années...

Bertrand : Disons plutôt qu'il s'agit d'une forme plus abou-
tie de ce système. Au départ, les alertes SMS diffusaient surtout des services généraux : l'actualité sportive et financière,
la météo, l'horoscope, etc. Je te rappelle au passage que
SMS est le sigle de « Short Message Service » et que son
nom résume bien sa vocation de départ. Puis les entreprises
se sont approprié cet outil pour faire parvenir des messages
plus personnels : les compagnies aériennes prévenaient
leurs clients de l'éventuel retard d'un vol ou de son
annulation ; dès 2001, TF1 prévenait les élèves de termi-
nale de la disponibilité de leur résultat du Bac, académie par
académie, avec possibilité de consultation de ce résultat sur
le site de TF1... On était déjà là à la frontière du service et
de la relation personnalisée. Aujourd'hui, le coaching
mobile est un outil à part entière de ce que les marketeurs
appellent la « relation client ».

Xavier : Je me demande où cette forme d'accompagnement, qui tourne presque à l'assistanat, va s'arrêter... Et je
ne dis pas cela pour toi Catherine (il lui lance un regard
malicieux).

Catherine (prenant un air faussement détaché) : Mais je
ne me sens absolument pas concernée par ta remarque,
mon chéri...

Bertrand : Pour répondre à ta question Xavier, je dirais que
le marketing relationnel ne connaît pas vraiment de limite.
Ce que l'on appelle la « relation client » est un domaine capital de la stratégie des entreprises et évolue en même temps
que les modes de vie... En avril 2006, un institut de sonda-
ges a révélé que 34 % des Français cultivent le nomadisme.
Portrait-robot de ces « hypermobiles » (ainsi qu'ils ont été
baptisés par l'enquête) : des jeunes urbains « connectés » au
portable, à l'internet et au baladeur MP3 plusieurs heures
par jour, avec comme mode privilégié de communication : le

SMS. Une entreprise qui ferait l'impasse sur cette évolution et ne prendrait pas en compte l'utilisation du SMS dans sa stratégie d'accompagnement du client, risquerait de perdre du terrain sur ses concurrentes.

Xavier : Mais à part les SMS, comment cet accompagnement se traduit-il ?

Bertrand : De multiples façons. Prends l'exemple du groupe Danone, à juste titre considéré comme un pionnier en la matière. La célèbre marque de produits laitiers a lancé en 1998 un programme de marketing relationnel qui était un modèle du genre : un site web (danoneconseil. com), une hot line et un magazine (Danoé) ont permis à l'entreprise de se constituer une base de données de 12 millions de personnes sensibles au thème du bien-être (traité dans ces différents supports). Puis le groupe s'est adapté aux nouveaux centres d'intérêt des consommateurs (la santé, la qualité des produits). En 2006, il a lancé son nouveau programme (« Danone et vous »), basé sur le coaching alimentaire (aider le consommateur à connaître et comprendre ce qu'il mange). Ce programme s'appuie sur un guide annuel (santé et nutrition), un nouveau magazine, « Danone et vous » (qui apporte au lecteur des informations pratiques) et un site internet (qui traite des mêmes thèmes avec des reportages audio et vidéo, des exercices et des recettes filmés…). Et Danone joue la carte de l'accompagnement jusqu'au bout en proposant du coaching pour chacun des thèmes développés…

Xavier : Tout cela doit coûter une vraie fortune à l'entreprise…

Bertrand : Ces opérations ont un coût important, c'est certain. Mais les effets sont là. J'ai lu dernièrement dans une revue professionnelle les résultats d'un sondage Ipsos commandé par Danone sur l'impact de son nouveau programme : 87 % des personnes sondées estimaient y avoir appris des choses nouvelles et 98 % trouvaient que la nouvelle stratégie relationnelle du groupe donnait une idée claire de ses marques !

 Décryptage

Le « coaching mobile », arme de fidélisation

Le contexte

Arrêter de fumer, mieux manger, mettre ses vaccins à jour… les problématiques liées à la santé sont au cœur des inquiétudes des Français. Une étude récente montre ainsi que la santé et la qualité des soins sont les deux items qui représentent la seconde crainte de nos compatriotes, juste après le chômage. Surfant sur cette préoccupation, de plus en plus de marques développent des programmes d'accompagnement via les SMS.

La stratégie des entreprises

« Mieux vaut prévenir que guérir ». C'est ce célèbre adage qui guide la stratégie marketing des entreprises dans ce domaine. Celles-ci développent donc le « coaching santé » pour « soigner » leur relation client et toucher leurs prospects au cœur de leur vie privée ou professionnelle. Cette méthode de fidélisation permet notamment d'enrichir les bases de données à moindre frais…

Le mécanisme utilisé

La santé est devenue une préoccupation essentielle
des Français

D'où un besoin de réassurance auquel les marques
s'efforcent de répondre, notamment via les SMS
(45 millions de Français ont un téléphone mobile
et 8 milliards de SMS sont échangés chaque année)

Ce « coaching santé » permet aux entreprises de toucher
leurs clients au cœur de leur vie privée et à moindre coût

La relation personnalisée et privilégiée ainsi créée permet
de « fidéliser » un client tout en comptant sur un profit
substantiel (les réponses SMS du « coach » sont facturées)

La fidélisation d'un client permet d'amortir des coûts
d'acquisition qui peuvent être parfois prohibitifs
(selon la célèbre formule marketing qui veut que garder
un client revient 5 à 10 fois moins cher que d'en conquérir
un nouveau)

Quelques illustrations

Coach par SMS. En 2005, l'opérateur téléphonique Orange a lancé plusieurs services de coaching par SMS en développant divers programmes d'accompagnement : pour arrêter de fumer (en partenariat avec la Caisse nationale d'assurance-maladie de Haute-Saône), pour mieux vivre (en partenariat avec le magazine « Psychologies »), pour réviser son bac (en partenariat avec les Éditions Nathan)…

Des SMS pour bien manger. Depuis octobre 2005, l'assureur Axa s'est lui aussi lancé dans le coaching et conseille ses affiliés sur le sevrage tabagique et l'équilibre alimentaire. Il rappelle en outre à chacun ses dates de vaccination via un petit SMS. Le programme comprend également quatre entretiens téléphoniques (d'une demi-heure chacun) avec un médecin. De quoi recueillir de nombreuses données marketing sur les consommateurs…

Santé par SMS. Autre marque ayant décidé d'exploiter le filon du coaching santé par SMS : le fabricant de patchs anti-tabac Niquitin. Celui-ci a lancé un programme de 30 SMS gratuits sur trois mois (baptisé « Niquitin et votre pharmacien ») pour aider les fumeurs en manque. Objectif marketing de la marque : développer ses liens avec les pharmaciens pour obtenir un meilleur placement dans les rayons des officines…

Etam fidélise par SMS. En décembre 2004, 55 000 des 110 000 clientes fidèles de la lingerie Etam ont reçu des offres promotionnelles via un mailing papier classique, les 55 000 autres les recevant par SMS. Une opération destinée à mesurer l'efficacité du téléphone mobile en matière de marketing direct. Résultat, si le taux d'achat s'est révélé sensiblement identique entre les deux techniques, les clientes contactées par SMS ont été plus réactives que celles démarchées par courrier : elles se sont rendues dans les boutiques en moyenne trois jours après la réception du message, alors que leurs homologues « papier » ont mis entre une semaine et quinze jours pour le faire…

Cinéma par SMS. La 20 th Century Fox aussi, fidélise par SMS. Dans le droit fil de ses premières campagnes SMS (en 2002 pour la sortie de son film « Minority Report » et en 2004 pour « Alien contre Predator »), la Fox a développé en 2005 une campagne vidéo mobile (pour les abonnés Orange et SFR équipés de téléphone troisième génération) accompagnant la sortie de « Trouble Jeu ». Les abonnés avaient ainsi la possibilité de télécharger et de visionner en avant-première la bande-annonce du film.

Décodage

Le téléphone, c'est du temps et le temps, c'est de l'argent !

Les « opt-in SMS »

Selon le même principe que celui des fichiers électroniques sur Internet, des services opt-in SMS (avec accord de l'utilisateur) se développent. Dans les faits, un opérateur envoie pour le compte d'annonceurs des messages commerciaux en fonction des préférences déclarées des utilisateurs qui ont explicitement choisi de recevoir ces alertes (opt-in). Ces derniers ayant délibérément confié leurs goûts et habitudes de consommation (en général par le biais d'un questionnaire), ils ne reçoivent sur leur mobile que des publicités ciblées en fonction de leurs attentes. Ce type de service permet à un annonceur de mieux connaître ses clients, avec des informations d'autant plus pertinentes que ce sont les consommateurs qui font volontairement la démarche de s'inscrire au service !

Des « mobisodes » qui rapportent

Les "Mobisodes" (épisodes pour téléphones mobiles) sont ces petites séries conçues spécifiquement pour les téléphones portables, qui reprennent la trame des séries télévisées à succès. Pour la série « Lost, les Disparus », la chaîne de télévision ABC propose ainsi via l'opérateur Verizon une mini-série de 22 épisodes de 2 minutes chacun baptisés « Lost Video Diaries », reprenant le scénario de la série télévisée. Les groupes Vodafone et Fox ont quant à eux réalisé une mini-série de 24 épisodes de 1 minute, inspirée des aventures de Jack Bauer, mais proposant une nouvelle histoire avec de nouveaux acteurs. L'accès à ces mobisodes étant bien entendu facturé et plutôt coûteux...

La « Bluetooth attitude », outil marketing

Pour sa campagne 2006 « Be original », Levi's a misé sur un dispositif utilisant les plus récentes technologies en matière de téléphonie mobile. Film, fonds d'écran, concours de photos sur le thème de la nuit, le tout sur base de téléchargement par téléphone portable (à condition que celui-ci soit équipé de la connexion Bluetooth). En 2006, Orange a utilisé le même marketing technologique pour lancer le tube de Patrick Bruel « J'm'attendais pas à toi » (RCA Music Group/Sony BMG).

Qui paie quand tout est gratuit ?

« Téléchargez gratuitement vos sonneries et vos fonds d'écran préférés sur votre mobile »… Cette accroche marketing bien connue a été utilisée par plusieurs fournisseurs « d'éléments de personnalisation », notamment en publicité radio. Une accroche trompeuse car si la sonnerie est effectivement gratuite (au sens où elle est libre de droits d'auteur), le temps passé pour le téléchargement (en général plutôt long) est quant à lui facturé au prix fort…

Parcours du combattant

En matière de téléphonie mobile, le temps, c'est donc de l'argent. Raison pour laquelle les procédures de téléchargement sont « allongées » au maximum, quand elles ne se transforment pas en parcours du combattant. Il faut d'abord vérifier la compatibilité de son téléphone, envoyer un SMS ou appeler un service vocal à numéro surtaxé. Il n'est pas rare ensuite, selon la sonnerie recherchée, d'avoir à récupérer celle-ci sur un site Wap. Autant de manœuvres qui prennent du temps et font grimper la facture…

Service surtaxé ?

Un célèbre opérateur de téléphonie mobile a récemment été montré du doigt par l'Association l'UFC-Que Choisir pour « services surtaxés ». Selon cet organisme de défense des consommateurs, l'opérateur en question diffuse en effet des services de coaching par SMS, pour lesquels il ne serait ni légitime, ni compétent, mais qui seraient facturés à des tarifs de spécialiste...

Onéreux SMS

À la suite d'une publicité télévisée, Laure, adolescente de 15 ans, « craque » pour des images qu'un éditeur de contenu propose de télécharger via les mobiles. Elle décide donc (conformément aux indications du spot publicitaire) d'envoyer un SMS (1,50 € plus prix d'un SMS, soit environ 1,65 €) contenant le code d'accès des images qu'elle souhaite obtenir. En réponse, pas d'images, mais un message lui demandant d'envoyer un deuxième SMS de confirmation... Laure n'a pas donné suite, mais pour une qui arrête, combien vont au bout de l'expérience ? De quoi, pour les éditeurs de contenu, récupérer beaucoup d'argent sur les communications générées artificiellement...

12 h 30

Pause déjeuner à l'appartement

Comment les noms,
les labels et les marques
nous font saliver...

Épisode 7

« Soupe du père Marius et fromage du maître affineur… »

Catherine, Xavier et Bertrand sont de retour à l'appartement pour une pause déjeuner bien méritée. Catherine annonce le menu qu'elle a prévu…

Catherine : Les garçons, pour ce midi, je vous propose une soupe de poisson « à la manière du père Marius », une paella « Valenciana », un fromage du « maître affineur » avec sa salade au vinaigre de Xérès et son pain « bûcheron », et pour finir, au cas où vous auriez encore une petite faim, une merveilleuse tarte façon « grand-mère »…

Xavier : Voilà qui s'annonce copieux !

Bertrand : Oui, j'en ai l'eau à la bouche. Voilà un menu prometteur qui ne lésine pas sur les labels de qualité. À ce propos, savez-vous l'un et l'autre que certains noms ou labels de produits prédisposent fortement à l'achat ?

Catherine : Comment cela ?

Bertrand : Les tests marketing montrent de manière nette qu'il y a des vocables qui semblent dotés d'un pouvoir commercial magique. « Fermier » par exemple, a la faculté de titiller irrésistiblement les papilles des consommateurs et de doper les ventes, surtout en ces temps de crises sanitaires alimentaires répétées. La production de l'artisan fermier bénéficie en effet spontanément d'une image de qualité supérieure à celle véhiculée par les produits de l'industrie agroalimentaire, plus anonymes.

<u>Catherine</u> : D'accord, mais cette image est justifiée. J'imagine que n'est pas « fermier » qui veut ?

<u>Bertrand</u> : Non, bien entendu. Les fromages, les œufs ou les volailles ne peuvent bénéficier de ce label qu'à condition de respecter des cahiers des charges précis qui garantissent une vraie qualité gustative. Le problème n'est pas là. Si problème il y a, il se situe davantage dans l'utilisation de l'image véhiculée par le mot « fermier » lui-même. Dans l'esprit du public, celui-ci renvoie en effet tout naturellement à la ferme, entreprise forcément familiale utilisant des méthodes forcément traditionnelles... Mais la réalité est souvent différente. Si je prends l'exemple des élevages de poulets fermiers, je ne suis pas certain qu'ils correspondent à l'image de la ferme que se font les consommateurs. Ces derniers seraient probablement un peu déroutés de voir à l'œuvre des ingénieurs en blouse surveillant une alimentation entièrement automatisée et non la fermière en sabot qu'il imagine, distribuant le grain par poignées...

<u>Xavier</u> : Je comprends bien l'impact de cet imaginaire, mais ce n'est tout de même pas lui qui fait la qualité du produit... Es-tu certain que les estampilles jouent un rôle si important que cela sur le long terme ?

<u>Bertrand</u> : Absolument certain. J'ai en mémoire un cas très révélateur à ce sujet. Il y a quelques années, la marque Belin a commercialisé en France de vrais cookies américains, fabriqués selon la recette traditionnelle du gâteau. Ils étaient, de l'avis des spécialistes, particulièrement réussis : croquants à l'extérieur et moelleux à l'intérieur. Sûr de la qualité de son produit, le biscuitier a investi les linéaires des grandes surfaces. Seul point noir : le packaging. Celui-ci était très neutre et surtout, ne comportait aucun label ou estampille faisant référence aux USA... Quelques semaines plus tard, un concurrent de Belin, Lu, lançait à son tour son

cookie sur le marché. À l'évidence moins bon que son prédécesseur (trop dur à l'extérieur et sans moelleux à l'intérieur), il présentait l'avantage d'être commercialisé dans un packaging à l'américaine, chargé de symboles et de labels rappelant l'Amérique qui fait rêver... Le résultat a été immédiat : les adolescents se sont rués sur le cookie de Lu tandis que le cookie de Belin a progressivement disparu des gondoles bien qu'il était le meilleur...

Catherine : Je trouve navrant que les consommateurs choisissent un gâteau en fonction de son nom ou de son packaging plutôt que de sa qualité...

Bertrand : Tu fais pourtant la même chose sans t'en rendre compte. Lorsque tu as acheté les produits pour notre déjeuner, tu t'es laissée influencée à ton insu par des noms et des labels qui t'ont donné la sensation d'une qualité ou d'un savoir-faire. Contrairement à ce que tu crois, ce n'est pas par hasard que tu as choisi la soupe de poisson du père Marius et un pain bûcheron.

Catherine : Pour la soupe, je ne dis pas le contraire. Il est vrai que j'ai pu me laisser influencer par son nom imagé qui sent bon Marseille et les calanques. Mais pour le pain, je ne suis pas d'accord avec toi ; ce n'est pas une question de marque ou de label... Le pain, il est bon où il ne l'est pas. S'il n'était pas terrible chez notre petit boulanger du coin, je ferais 200 mètres de plus pour aller l'acheter ailleurs... Qu'il soit « bûcheron » ou non ne change rien !

Bertrand : Tu fais erreur. Les marques de pain existent et jouent un vrai rôle : la fonction première de la marque dans le pain correspond à la fonction première de la marque en général, c'est-à-dire une garantie de qualité. Il suffit de regarder le succès de la Banette, de la Rétrodor, de la Campaillette, de la Festival ou de La Paume, un pain au levain lancé en 2005 avec la griffe du grand chef Alain Passard (trois étoiles au Guide Michelin). Toutes ces marques, développées sous forme de licence par une vingtaine de moulins, se sont invitées dans les boulangeries et se sont érigées en labels. Sans compter que certaines boulangeries indépendantes sont elles-mêmes devenues des marques : Poilâne, Ganachaud, Kayser…

 Décryptage

Vers la mort des marques ?

Le contexte

Une récente enquête publiée par le magazine des professionnels du marketing CB News indique que 87 % des Français attachent plus d'importance aux caractéristiques du produit qu'à la marque et qu'ils sont de moins en moins nombreux à vouloir payer pour elle. La « prime de marque » (la part de la population prête à acheter un produit de marque, même plus cher, plutôt qu'un produit meilleur marché) est en chute libre : 27 % en 1995, 23 % en 2000 et à peine plus de 16 % en 2005. Et si les Français se montrent moins réceptifs au discours des marques, ils deviennent aussi plus exigeants vis-à-vis d'elles…

Les raisons liées au comportement du consommateur

Les spécialistes du marketing estiment qu'un consommateur est fidèle à une marque pour trois raisons principales :

– l'implication (le niveau avec lequel il s'implique dans l'acte d'achat) ;

– l'anxiété (acheter une marque qu'il connaît lui évite un éventuel mauvais choix) ;

– le sentiment d'incompétence (il s'en remet au savoir-faire de la marque).

Or aujourd'hui :

– l'achat en général est de moins en moins impliquant ;

- le consommateur est de moins en moins anxieux par rapport à un éventuel mauvais choix (le saumon et le jambon Carrefour présentent les mêmes garanties que leurs « homologues » de marque) ;

- le consommateur se sent de plus en plus compétent, entouré et informé.

Les raisons liées au marketing

La marque se « tue » à petit feu par différents « excès marketing », en particulier :

- les poupées russes : Twingo Kenzo de Renault, Pépito de Belin (puis de Lu), Cuisine Légère de Findus (puis de Maggi)... Dans ce système, le consommateur fait forcément l'impasse sur certaines marques... ;

- la diversification tous azimuts : une marque qui sort de son domaine peut perdre sa crédibilité (Christofle des couverts aux bijoux, Ralph Lauren des polos aux soins du visage...) ;

- la surexploitation : l'abus des produits dérivés (Cardin, Chipie, Lacroix) ;

- le trade-marketing : les partenariats entre les marques et les distributeurs desservent presque toujours la marque au profit du distributeur.

Les perspectives

Les marques qui survivront :

- les exceptions culturelles telles que les marques de luxe (Dior, Cartier, Chaumet), les marques liées à la technologie de pointe (Sony, Microsoft), les marques « sensibles » (celles liées à l'armement), les marques légendaires (Lacoste, Ferrari), les marques qui ont une histoire (Chanel, Breitling), les marques symboles d'une génération (Levi's, Coca-Cola, Hollywood), les marques porteuses de sens (Nike, Benetton, Marlboro) et celles qui ont su se constituer un territoire (FNAC, Ikea).

Et celles qui sont condamnées :

– les « surfeuses » (qui essaient de se raccrocher aux tendances du moment), les « boulimiques » (qui surexploitent leur capital notoriété, à l'image de Chipie et Cardin), et les « paresseuses » (qui ont tendance à vivre sur leur succès initial, à l'image de Chevignon).

Ce qu'il faut en retenir

Une marque est une marque si :

– le supplément de prix qu'elle exige est justifié aux yeux du consommateur ;

– elle reste capable d'innover ;

– elle sait « verrouiller son territoire ».

Décodage

Pourtant, aujourd'hui encore, le nom fait le produit...

Une Lacoste, pas une chemise !

Il y a des marques que l'on achète parce que ce sont elles et pas une autre ! Parce que leur nom est à lui seul une garantie (Dior, Cartier, Dunhill), parce qu'elles sont légendaires (Lacoste), parce qu'elles ont une histoire (Breitling, Vuitton, Chanel), parce qu'elles sont le symbole de leur génération (Coca-Cola, Hollywood, Levis), parce qu'elles sont des pionnières (Swatch, Bic, Club Med), parce qu'elles sont porteuses de sens (Nike, Marlboro, Benetton) ou encore parce qu'elles ont su se constituer un territoire bien à elles (FNAC, Ikea, Kookaï).

Un nom qui voyage bien...

La « capacité internationale » est un critère à prendre en compte dans le choix de son nom de marque. Il convient en effet d'éviter autant que possible les pièges de la sémantique (Imigran en France, Suze en Allemagne...). Le hasard de la prononciation peut aussi réserver de bonnes surprises : Coca-Cola au Japon se dit Keu Ko Keu Leu (ce qui signifie « bon à boire et heureux ») et son rival Pepsi-Cola se prononce Bai Zeu Keu Leu (littéralement « chanceux et heureux ») !

Noms « marketing »

Dans les domaines commerciaux où la confiance joue un rôle essentiel, par exemple celui de la serrurerie, le nom de l'entrepreneur (ou de la société) est capital dans l'impression de départ du client. Une petite expérience est révélatrice à ce sujet ; si vous parcourez les pages jaunes de votre annuaire à la rubrique « serrurier », il y a fort à parier que vous trouviez des noms tels que « Jean-Claude Roussillon », « Etienne Beaulieu », « Antoine Bernardet », « Entreprise Desjardins père et fils », etc. « Que des noms qui donnent confiance » explique un spécialiste du marketing. Il s'agit bien entendu la plupart du temps de noms créés pour la circonstance…

Sur liste rouge…

Si certaines marques utilisent leur nom comme label, d'autres ont à gérer de délicats problèmes marketing entre la marque mère et les sous-marques qu'elle regroupe (par exemple le groupe Danone et sa kyrielle de marques différentes). D'autres encore « effacent » leur nom pour mieux « tenir » tous les segments d'un marché. C'est le cas d'Unisabi, leader mondial de l'alimentation pour chiens et chats, que vous ne connaissez probablement pas car il ne communique pas sous son nom mais sous ceux des marques qu'il détient : Sheba (la marque haut de gamme), Whiskas (la marque incontournable), Ronron (la marque tampon), etc.

Gare aux mauvais plans !

Lorsqu'un nom de marque est synonyme de qualité dans son secteur, il ne l'est pas obligatoirement lorsqu'il sort de son domaine de prédilection. Plusieurs entreprises en ont fait l'amère expérience : le couturier Lacroix (qui a tenté sans réussite de se lancer dans les parfums), Benetton (dont la branche cosmétique a tourné au vinaigre), Waterman (passage manqué dans le domaine des montres), Harley Davidson (échec de son eau de toilette) ou encore Christofle (dont les bijoux n'ont pas convaincu, les consommatrices n'ayant peut-être pas envie de porter autour du cou un collier de la même marque que leurs couverts…).

Noms réels et noms créés

La majorité des marques sont nominales (Cartier, Chanel, Arthur Bonnet, Michelin, Peugeot…). Mais un nom peut aussi avoir été inventé ex nihilo, par exemple pour donner une caractéristique au produit. Ainsi, ce n'est pas Monsieur Jaguar qui a fondé la marque automobile éponyme ; le nom de la firme a été choisi en référence au félin pour suggérer vitesse et élégance. Les abréviations et les contractions sont également très utilisées : IBM et BMW sont respectivement les initiales de International Business Machines et Bayerische Motoren Werke ; LCL est Le Crédit Lyonnais, etc. Le nom Esso est né quant à lui de l'abréviation phonétique de la compagnie américaine Standard Oli (S. O) et Ikea est l'acronyme d'Ingvar Kamprad, Elmtaryd Agunnaryd (le nom et le lieu de naissance du fondateur du géant suédois...).

14 h 15
En route pour les achats de Noël

Comment le marketing
utilise les fêtes pour activer
le tiroir-caisse…

Épisode 7
« Père Noël rouge Coca-Cola »

Catherine, Xavier et Bertrand prennent la direction des grands magasins pour aller faire leurs achats de Noël. Les rues sont animées et les vitrines regorgent de décorations et de figurines. Catherine est sensible à cette ambiance festive…

Catherine : La préparation de Noël est un moment que j'adore ! Il me rappelle mon enfance lorsque j'attendais frénétiquement la venue du Père Noël…

Bertrand : À ce propos, sais-tu que le Père Noël tel qu'on le connaît aujourd'hui doit beaucoup au marketing ?

Catherine : Comment cela ?

Bertrand : C'est une histoire un peu longue mais qui mérite d'être connue. L'ancêtre du Père Noël s'appelait saint Nicolas, du nom de l'évêque Nicolas, qui vécut au IIIe siècle et fit beaucoup pour les enfants et les plus démunis. Homme bon, et faiseur de miracles, il fut élevé au rang de saint. Le mythe de saint Nicolas s'est rapidement propagé en Europe et dans le monde catholique. Au XVIIe siècle, des Hollandais lui font traverser l'Atlantique. Ils s'installent sur la côte est de l'Amérique du Nord et fondent une ville qu'ils baptisent New Amsterdam, l'actuelle New York. Saint Nicolas, sinter Klaas aux Pays-Bas, devient santa Claus aux États-Unis…

Xavier : Ensuite ?

Bertrand : En 1821, Clement Clarke, un pasteur new-yorkais, écrit pour ses enfants un conte de Noël intitulé « Une visite du saint Nicolas », dans lequel celui-ci se déplace à l'aide d'un traîneau tiré par huit rennes. Deux ans plus tard, le 23 décembre 1823, un journal de New York publie le poème. Succès immédiat ! Avec ces quelques vers, saint Nicolas devenait le Père Noël et se trouvait associé pour toujours à la fête religieuse du 25 décembre qui célèbre la naissance de Jésus-Christ.

<u>Catherine</u> : Et le marketing dans tout cela ?

<u>Bertrand</u> : J'y arrive. Le pasteur Clarke ayant été peu descriptif sur le personnage du Père Noël lui-même, et le marketing ayant horreur du vide, la carence allait vite être comblée. D'abord par les Finlandais qui, utilisant astucieusement la présence de rennes dans l'histoire, proclamèrent que leur pays était celui du Père Noël et qu'une visite s'imposait dorénavant pour les touristes du monde entier... Ensuite par Coca-Cola, qui s'intéressa à la garde-robe du héros. En 1931, pour le compte de la firme américaine de sodas, le dessinateur Haddon Sundblom habilla le Père Noël de rouge et de blanc au lieu du vert lutin qu'il portait jusqu'alors. Le but de la campagne étant d'inciter les enfants à boire du Coca même en hiver...

<u>Catherine</u> : Alors le costume rouge du Père Noël, c'est le rouge Coca-Cola ?

<u>Bertrand</u> : Absolument.

<u>Xavier</u> : Et les cadeaux de Noël, c'est aussi une invention du marketing ?

<u>Bertrand</u> : Non. L'idée de distribuer des cadeaux dans la nuit du 24 au 25 décembre ne revient ni au Père Noël, ni à une marque commerciale en particulier. C'est une tradition très ancienne, héritée de l'Antiquité, pour fêter le solstice d'hiver. Il y a tout de même une vie en dehors du marketing...

 Décryptage

L'astucieux marketing du « collector »

Le contexte

Nous assistons depuis quelques années à une standardisation de la production, en partie motivée par un souci de rentabilité des entreprises qui réalisent de ce fait d'importantes économies d'échelle. Ce phénomène a fait se développer le marketing de masse, qui repose sur le postulat que le marché considéré représente une masse homogène : quels que soient les éléments de la cible auxquels on s'adresse, le message et l'offre demeurent les mêmes.

La stratégie des entreprises

Elle consiste à prendre en quelque sorte le contre-pied du marketing de masse et à jouer sur le marketing de la rareté, c'est-à-dire à promouvoir un produit en le restreignant. Pour cela, les fabricants utilisent trois types de techniques :

– Vendre en quantité limitée des produits à des prix attractifs et inciter le consommateur à se hâter (« demain, il n'y en aura peut-être plus ! »). Même si dans l'absolu, les quantités proposées sont les mêmes qu'habituellement ;

– Organiser sciemment la pénurie de l'offre pour doper les ventes. Lors du lancement de la Playstation 2 le 23 novembre 2000 à minuit, la restriction des quantités était annoncée à l'avance à grand renfort de publicité et le jour J les files d'attente se sont formées plusieurs heures avant l'ouverture des magasins distributeurs… ;

– Créer des séries limitées et des collectors, la contrainte quantitative suscitant chez le consommateur une motivation supplémentaire de posséder le produit rare et hors du commun.

Le mécanisme utilisé

Pour les entreprises qui veulent tirer le meilleur parti du marketing de la rareté, tout événement est prétexte à la création de collectors et séries limitées

Avantage immédiat pour les fabricants : selon le principe marketing « ce qui est rare est cher », la limitation du nombre d'exemplaires permet d'augmenter les prix

Avantages à plus long terme : cette technique permet de créer de l'image, de faire parler de la marque et de moderniser l'image de marque…

Résultat : lancé il y a quelques années par les grandes marques de parfums et de cosmétiques, le marketing des séries limitées gagne désormais tous les secteurs, jusqu'aux plus inattendus comme celui des matelas…

Quelques illustrations

Absinthe rare. L'absinthe, cet alcool à base de plantes (interdit en 1915 à cause des ravages qu'il provoquait, puis réhabilité en 1988) a été remis au goût du jour en 2006 par une petite distillerie française. « Éditée » en 100 bouteilles numérotées, la « fée verte » s'est arrachée en quelques jours, comme il se doit pour une série limitée. Quant à la marque de Whisky Glendfidich, elle écoule savamment son 40 ans d'âge, un collector dont il ne reste plus que 250 caisses…

Gaston en série limitée. Gaston Lagaffe, le garçon de bureau le plus imaginatif mais le plus paresseux de toute l'histoire de la bande dessinée, bénéficie lui aussi de sa série limitée. En 2005, 16 titres ont été réédités en collector avec une couverture spécifique (pelliculage brillant). Chaque album n'a été tiré qu'à 6 000 exemplaires. Une rareté qui justifie son prix : 16 € l'album au lieu de 8 €, prix habituel.

Sacs, chaussures et matelas. Tod's, le célèbre fabricant italien d'objets en cuir, ne fabrique chacun de ses sacs qu'à 4 000 exemplaires par an. Des sacs vendus entre 1 500 et 2 000 € pièce selon la gamme et la qualité de finition. Idem pour ses modèles de chaussures, dont certaines sont déclinées en séries limitées. Des sacs et des chaussures collectors, mais aussi des matelas ! Ce n'est pas une plaisanterie, le BHV a récemment proposé des matelas en série limitée…

Bijoux collectors. Un célèbre joaillier parisien a ouvert le bal il y a quelques années. Depuis, à chaque Saint Valentin, les bijoutiers rivalisent d'imagination pour créer des séries limitées de colliers avec cœur en pendentif, de bagues composées d'anneaux entrelacés et d'autres bijoux symboles pour fêter les amoureux... et remplir le tiroir-caisse.

Dépêchez-vous, il n'y en aura pas pour tout le monde. L'édition limitée est une technique qui se développe... massivement dans l'univers des DVD ! Des milliers d'entre eux ne sortent désormais plus qu'en édition collector. L'un des pionniers en la matière est TF1 Vidéo qui, pour Noël 2001, a mis sur le marché une série limitée du DVD du « Fabuleux destin d'Amélie Poulain ». Un packaging spécifique et quelques bonus en prime ont permis au distributeur de réaliser une importante marge supplémentaire par rapport au DVD standard. Et en quelques jours, l'objet rare était devenu introuvable...

Soi-même en exemplaire unique. Calendrier personnalisé, tableau à accrocher dans son salon réalisé à partir d'un tirage photo... le marketing de l'ego propose un nombre croissant de produits. « Ce marketing fonctionne car il repose sur le désir du consommateur d'être propriétaire d'un produit unique puisqu'il en est le héros absolu » analyse un spécialiste.

Décodage

La fête,
c'est d'abord celle du marketing !

La fête des célibataires
profite aux sites de rencontre

La fête des célibataires a été créée en 2003 par le site de rencontres Meetic. fr. Elle a lieu chaque année le 13 février, veille de la Saint Valentin. Pour booster l'édition 2006, Meetic a lancé le jeu-concours « Imaginez votre fête des célibataires idéale et nous la réaliserons ». En quelques jours, le site a enregistré plus de trois mille projets... Une belle opération marketing pour le leader des sites de rencontres.

La Saint Valentin
ne rapporte pas qu'aux bijoutiers

Pour la Saint Valentin 2006, le chocolatier Mon Chéri a utilisé internet pour délivrer des conseils aux hommes soucieux d'épater leur chère et tendre ou de s'attirer les faveurs de la personne désirée. Un nouveau portail spécialement conçu pour les 35-50 ans a été réalisé ; en plus de recevoir des conseils, ceux-ci pouvaient déclarer leur flamme par mail ou envoyer des fleurs virtuelles. Objectif : toucher sur la durée un public masculin plus jeune que celui fidélisé jusqu'à présent par la marque. Bilan : un simple site internet, quelques conseils « bateaux », et une bonne opération marketing ! Mon Chéri songe d'ailleurs à décliner la formule pour la fête des mères...

Banette fête Pâques

Chaque année au moment des fêtes de Pâques, le réseau de boulangeries Banette anime ses points de vente par une opération destinée aux enfants. L'animation ne repose pas sur la mise en avant du pain mais sur celle des œufs en chocolat, plus exactement sur ceux qui les « pondent ». Les enfants retirent ainsi un animal (« Monsieur » ou « Madame ») à colorier, puis le rapportent à la boulangerie où il est exposé avec les dessins des autres enfants. Ce petit « concours », opération marketing toute simple, crée beaucoup de « trafic », permet de capter de nouveaux clients et nourrit l'image de marque de Banette (proximité, artisanat, traditions, dynamisme).

Evian souhaite la bonne année

Chaque année à l'occasion du Nouvel an, Evian commercialise deux millions de bouteilles « spéciales fêtes ». Un chiffre imposant qui demeure pourtant bien une « série limitée » au regard des 800 millions de bouteilles vendues chaque année par la marque. Faire de l'eau un collector... un comble pour un produit de grande consommation, mais un pari réussi pour Evian !

Bouteille relookée pour la fête

Pour se développer sur le marché de la fête, le groupe Pernod a modernisé l'image (quelque peu vieillissante) de son apéritif vedette : la Suze. Pour cela, le groupe a fait appel à... Sonia Rykiel ! C'est en effet à la talentueuse styliste-couturière qu'il a été fait appel pour relooker la bouteille.

L'explication du sociologue

L'utilisation de la fête dans un but marketing est un phénomène qui intéresse les sociologues. Leur analyse est la suivante : « la société française vit dans une certaine morosité depuis plusieurs années : chômage, vie chère, incertitude du lendemain et insécurité, le tableau socio-économique de notre pays est durablement peu réjouissant. Nos contemporains sont donc à la recherche d'exutoires. Les fêtes donnant bon moral (et étant de formidables activateurs de consommation), les entreprises multiplient les occasions de

s'amuser. Soit en s'associant aux fêtes existantes et en proposant des produits spécifiques à chacune de ces occasions,
soit en créant de toutes pièces de nouvelles fêtes... »

14 h 45

Dans les grands magasins…

Comment les lieux de vente nous ensorcellent !

Épisode 9

« L'atmosphère de ce magasin me donne envie de tout acheter »

Après avoir joyeusement déambulé devant quelques vitrines, Catherine, Xavier et Bertrand se décident à entrer dans les magasins. Catherine est attirée par une boutique de meubles et de décoration d'intérieur…

Catherine : J'aime beaucoup l'agencement de cette boutique et les meubles qu'on y trouve. Ça me donne envie de tout acheter ! Mais mon petit doigt me dit que Xavier ne serait pas tout à fait d'accord…

Xavier (*taquin et faussement blasé*) : Pour moi, ça devient une question d'habitude. C'est pareil à chaque fois que l'on rentre dans un magasin comme celui-ci, alors…

Bertrand : Il faut reconnaître que l'on se sent bien dans ces boutiques. Les produits, les vitrines et les espaces d'exposition sont en adéquation avec nos envies d'aménagement et notre style de vie du moment. L'agencement de ces magasins, comme l'agencement de nos intérieurs, reflète nos comportements et nos goûts actuels. (*Il s'approche d'un canapé en cuir patiné et laisse courir sa main sur les coussins*). Le cuir par exemple, partage aujourd'hui la même caractéristique que le jean : on le préfère patiné et usager que neuf. Et bien, depuis que les techniques de traitement du cuir permettent de fabriquer des produits qui répondent à cette tendance, les boutiques de décoration ont conçu des ensembles dans lesquels le mobilier neuf donne l'impression d'avoir un « vécu ». Le monde de la décoration est du reste très à la pointe dans sa manière de créer des univers marketing, d'utiliser des matériaux sélectionnés :

agencements, couleurs, éclairages, ambiances sonores et odeurs contribuent à une atmosphère douce, dépaysante ou rassurante, toujours propice au « coup de cœur » et à l'achat.

Catherine : À t'entendre, on a l'impression que l'ambiance d'un magasin est un élément marketing à part entière...

Bertrand : Elle l'est. Il te suffit de rentrer dans l'un des nombreux magasins « à concept » (Alinéa, Nature et Découvertes, Ikea, Décathlon, les enseignes de commerce équitable...) pour constater que leur principal atout ne réside ni dans les prix ni dans la spécialisation, mais dans une certaine ambiance. Les marketeurs l'ont bien compris : il ne suffit plus de vendre moins cher, il faut mettre en scène un objet au service d'une atmosphère, d'un style, d'un mode de vie, voire d'idées écologiques ou politiques. Cette démarche est devenue si déterminante dans le passage à l'acte d'achat qu'elle apparaît comme incontournable pour les grandes chaînes de distribution qui l'appliquent désormais de manière scientifique. Depuis peu, certains hypermarchés installent ainsi des « univers » autour des arts de la table, des cosmétiques, de l'audiovisuel, des enfants ou du petit-déjeuner...

Xavier : Je comprends parfaitement que le décorum soit essentiel pour certains produits. Les bijoux, les meubles, la maroquinerie, les vêtements de luxe, bref les objets de standing ont besoin d'un écrin de standing, c'est une question de crédibilité. Mais je comprends moins en quoi l'ambiance est importante lorsque l'on achète une plaquette de beurre, un tube de dentifrice ou une baguette de pain...

Bertrand : Pourtant, même lorsque tu achètes les produits que tu viens d'énumérer et qui sont effectivement peu « impliquant », tu es sensible sans t'en rendre compte à l'ambiance dans laquelle ils baignent. On le voit bien avec le succès de la chaîne de boulangeries Paul, qui décore ses boutiques avec tous les éléments qui peuvent rappeler les boulangeries artisanales traditionnelles : vieilles panières en partie cassées ou abîmées, éléments de décoration provenant d'antiquaires ou de salles des ventes, tartes cuites sciemment irrégulièrement... Les clients réagissent positivement à cette atmosphère, c'est évident.

Catherine : Si je comprends bien, la promotion et la publicité ne se contentent pas d'intervenir en amont ; elles ont leur place au sein même de la boutique et au moment de l'acte d'achat...

Bertrand : Oui. Ce que l'on appelle la PLV (la Publicité sur le Lieu de Vente) est une branche essentielle du marketing. Avec une mise en évidence efficace (habillage du linéaire, décoration au sol, ambiance sonore, écrans vidéo...), on peut « pousser » le produit vers le consommateur. La PLV est le dernier maillon de la communication entre le produit et le consommateur et peut être décisive dans l'acte d'achat ; il faut en effet avoir à l'esprit que dans plus de la moitié des cas (études marketings à l'appui), le client décide au dernier moment (dans la boutique) de réaliser ou non son achat.

Xavier : Là, je suis bien d'accord avec toi. Lorsque j'accompagne Catherine chez Ikea par exemple, elle emmène une liste des quelques objets dont on a besoin, et à chaque fois, on revient à l'appartement avec des tas de choses que l'on n'avait pas prévu d'acheter...

Bertrand : Rassure-toi, c'est pour tout le monde pareil ! Il est très difficile de résister au principe marketing de la « nidification », qui consiste à recréer un « chez soi », des pièces de la maison, en désordre calculé, dans lesquelles les clients sont invités à s'installer et à s'imaginer vivre. Pour des raisons à la fois psychologiques (permettre au consommateur de s'approprier l'espace) et marketing (lui faire perdre ses repères cognitifs et le conduire vers un processus d'achat plus impulsif), ces univers minutieusement élaborés sont commercialement très efficaces. Ikea en est effectivement un bon exemple.

<u>Xavier</u> : Mais de manière générale, l'incidence de l'atmosphère d'un magasin sur le comportement du consommateur peut-elle se mesurer ?

<u>Bertrand</u> : Bien entendu. Il existe d'ailleurs des centaines d'expériences marketing consacrées à ce sujet. Leurs résultats permettent d'obtenir des enseignements très affinés. Je me souviens par exemple d'une expérience réalisée en 1994 par un vendeur de vins. Dans le magasin, on manipulait l'éclairage de telle sorte que la lumière soit vive ou tamisée. Résultat (tout à fait paradoxal) de ce test : les clients ont acheté davantage de bouteilles durant les périodes où la lumière était vive, mais le montant des achats était nettement plus élevé lorsque la lumière était tamisée. Pour ce vendeur, la conclusion marketing de l'étude a donc été la suivante : la lumière tamisée diminue la vente de bouteilles mais favorise la vente de vins plus coûteux. Cette expérience prise parmi d'autres te montre qu'il est possible de mesurer très précisément l'impact d'une atmosphère (ici la luminosité) sur l'acte d'achat.

Décryptage

Ces produits
qui nous font perdre la raison...

Le contexte

Maslow est un nom bien connu des étudiants en marketing. On lui doit d'avoir inventé une « pyramide de hiérarchisation » des besoins humains. Selon lui, schématiquement, l'être humain exprime ainsi quatre niveaux de besoins :

- Les besoins primaires (physiologiques) tels que la nourriture ;

- Les besoins secondaires (de sécurité) touchent des secteurs tels que l'épargne et l'assurance ;

- Les besoins tertiaires sont les besoins sociaux (l'estime, l'appartenance). Ils sont comblés par le fait de fréquenter un lieu branché ou d'acheter un produit de luxe...

- Les besoins quaternaires sont ceux qui concernent la réalisation de l'individu (son épanouissement) : le théâtre, la culture, les voyages, les arts...

La stratégie des entreprises

Misant sur la carte des besoins tertiaires, des fabricants proposent des produits venus du bout du monde (ou de la ville voisine), mais parés d'exotisme et de « paillettes ». Cet « ensorcellement » peut rapidement faire grimper les prix. Fleur de thé, eau de source, café et même cacahuète, tous les produits sont bons pour cet astucieux marketing de la rareté.

Le mécanisme

Dans une société globalement en perte de repères,
les besoins tertiaires prennent une double importance :
les combler rassure le consommateur et lui donne
un positionnement social

Les entreprises et les artisans s'engouffrent dans
cette « opportunité psychologique » en créant des produits
rares, parfois uniques

Du mini-cabriolet à la mode, à la cacahuète pour l'apéritif,
ces produits sont savamment déclinés…

… Et leur prix psychologique est aussi savamment calculé

Quelques illustrations

7 € le litre d'eau minérale. C'est le prix (en France) de Finé, une eau minérale japonaise extrêmement pure, dont la bouteille sobre et élégante est en verre recyclable. Le marketing a pensé à tout, même à la manière d'épater vos amis lorsque vous mettrez cette bouteille sur la table ; pour cela, c'est l'histoire de la source qui est mise en avant : située à 600 mètres sous la mer, elle a été alimentée, des siècles durant, par les eaux pluviales qui l'ont enrichie de sels minéraux…

Et 7 € les cacahuètes. Très exactement 6,90 €, c'était le prix (en avril 2006) de la petite boîte de cacahuètes au merlot vendue au rayon « Vins et alcools » de la Grande épicerie de Paris. Des arachides grand format, à la rareté cultivée, et qui en « jettent »…

Le radis rare. Le « Hilds Bauer » est un curieux radis en forme de carotte, à peau violette, vendu sur quelques marchés parisiens (au prix de 4 € le kilo). Il n'est que l'une des étonnantes variétés potagères qui s'arrachent depuis quelque temps, avec les carottes jaunes du Doubs, les carottes violettes Purple Haze et les radis vert Green Meat. Encore plus tendance que les légumes miniatures qui ont déferlé sur les étals en 2004 et 2005…

Du bœuf à 200 € le kilo ! C'est effectivement le prix (recensé en mai 2006 dans une boucherie parisienne) du bœuf Wagyu, un bœuf nippon à la texture et au goût particuliers (il est très persillé). Si ce bœuf est dit de Kobé (au Japon) car il est très présent dans l'archipel, la viande commercialisée en France vient en réalité de Nouvelle-Zélande et d'Australie.

De l'or en cuisine... Une boutique parisienne a trouvé un bon moyen pour vous permettre de bluffer vos convives : avec un petit carnet de 25 feuilles d'or (25 €) ou un peu d'or en spray (45 € les 140 ml), il devient en effet très facile de réaliser un risotto aux feuilles d'or ou un plat de spaghettis à la carbonara relevé d'un filet de métal précieux. L'or alimentaire, il fallait y penser.

Décodage

Mille et une façons
d'envoûter le client

Quand l'entrepôt devient jeu de piste

Spécialiste américain du magasin-entrepôt, Costco Price-Club a osé le concept de la chasse au trésor pour séduire ses clients. Le point de vente est aménagé de façon à la fois hétérogène (des zones visibles alternent avec des recoins cachés) et évocatrice d'univers mystérieux et pleins de surprises (coin « réserve », coin « grenier », coin « brocante », coin « garage », etc.). Des marchandises d'appel minutieusement sélectionnées et présentées sur palettes, en vrac ou sur des podiums, créent un sentiment de « bonnes affaires » et participent à un effet de surprise et de hasard (les lots changent chaque semaine). Des stands de dégustation de produits sont embusqués au détour des allées et varient en fonction des arrivages (leur fonction symbolique étant de récompenser le « chasseur »). Au final, ce décorum donne l'impression au client d'appartenir à une forme renouvelée de Club : celui des chasseurs de bonnes affaires.

Un mégastore
dédié à l'automobiliste et au motard

L'équipementier Norauto a créé une génération de centres sur le modèle du « mégastore ». Inauguré à Noyelles-Godault dans le Pas-de-Calais, ce magasin d'un nouveau genre, vaste et aéré, est réparti en sept univers consacrés au plaisir de conduire, à la sécurité, aux loisirs, aux voyages... Cette formule permet de répondre aux attentes hédonistes des consommateurs en leur proposant une large gamme de produits (12 000 références) et de services innovants (gonflage des pneus à l'azote). Autre spécificité, un atelier dédié aux motards propose tous les équipements nécessaires aux deux-roues : casques, protections pour les genoux, accessoires hi-fi... L'ensemble de cet espace constituant un véritable pôle produits-services convivial et ludique.

Quand les hypermarchés décryptent nos désirs...

Dans leur aspiration à coller au plus près au désir du consommateur, certaines enseignes ont eu l'idée d'anticiper la demande de leurs clients (détenteurs de la carte de fidélité), avant même que ceux-ci n'en aient pris conscience ! Cette plongée dans les désirs d'achats futurs est rendue possible par la technique du « datamining » : le décorticage minutieux des tickets de caisse et des informations qu'ils contiennent qui, une fois analysées, permettent de dresser un portrait précis de chaque client...

Un magasin pour apprendre à faire un magasin

Évolution du rythme de vie oblige, en vingt ans, le temps consacré par les ménages aux achats alimentaires a baissé de moitié. Le temps qu'une enseigne de grande distribution peut faire gagner à ses clients est donc un argument commercial précieux. D'où ces expériences menées tout au long de l'année dans un endroit étonnant : un hypermarché en apparence banal, immense, remarquablement agencé, magnifiquement éclairé, prêt à l'emploi... sauf qu'il n'accueille jamais le moindre client ! Ce magasin est en effet un prototype interdit au public. Il permet aux enseignes de tester en grandeur réelle les dernières innovations liées à l'agencement de leurs rayons pour faire gagner du temps et positionner au mieux les produits.

H & M innove en permanence pour créer la « boulimie »

Pour rester compétitive, une enseigne vestimentaire doit renouveler ses modèles, mais aussi les stimulations d'achat.

Rien de tel pour cela que de créer le mouvement perpétuel au niveau de l'offre. C'est la stratégie choisie par la marque H & M qui, avec 900 points de vente de prêt-à-porter dans 18 pays, se présente comme l'enseigne la plus rapide et la moins chère sur le créneau des produits tendances. Sa capacité de renouvellement des lignes (tous les 20 jours !) et de réassortiment quotidien (500 millions d'articles fabriqués chaque année), mais aussi sa politique de prix raisonnables (tenues complètes à moins de 100 €), fait que certains habitués comparent leur attirance pour H & M à une forme de « boulimie incontrôlable ».

Clients chouchoutés

Pour répondre aux attentes de convivialité formulées par les clients, les hypermarchés tentent de créer une atmosphère plus chaleureuse, comparable à celle des boutiques de quartier. C'est ainsi que l'on a vu surgir dans les grandes surfaces des rayons reprenant les codes couleur en vigueur dans le petit commerce : chez Carrefour par exemple, le rayon boucherie est rouge, le rayon épicerie est vert et jaune, le coin boulangerie est couleur pain grillé, le coin charcuterie est rose, la poissonnerie s'étend sur de gros carreaux bleus et blancs, et le rayon vins est un décor de cave voûtée aux lumières tamisées. Même principe pour les rayons bijouterie, parapharmacie, voyages ou spectacles. Parallèlement, les hypers multiplient les services au consommateur : livraison à domicile, réduction du temps d'attente aux caisses, agencement simplifié du magasin selon une logique de placard où les produits sont présentés dans l'ordre préféré de la ménagère, garderie d'enfants, animations dans l'esprit des centres commerciaux américains…

Le plus grand et le plus extravagant centre commercial du monde…

C'est le West Edmonton Mall (WEM), situé à Edmonton dans la Province de l'Alberta. Il propose sur 500 000 m^2, plus de 1 000 boutiques, des grands magasins, une immense plage artificielle, le plus grand parc d'attractions couvert au monde, une patinoire professionnelle, une Chinatown, un marinland, des sous-marins explorant un lac souterrain, et bien d'autres surprises. C'est la Santa Maria de Christophe Colomb qui fait office de tête de proue de ce lieu envoûtant. Précision importante : le WEM est le premier site touristique au Canada... devant les Chutes du Niagara !

Moderniser l'épicerie de quartier, c'est possible

Mauvaise organisation des rayons, prix exorbitants... l'épicier de quartier n'est bien souvent utilisé que comme ultime recours et dans l'urgence. Une agence de marketing, l'agence Malherbe, a pourtant eu l'idée de s'attaquer à ce cliché « de la boîte de raviolis et du camembert » en faisant passer ces milliers de points de vente de la « boutique de dépannage » au « fournisseur officiel du repas du soir ». L'expérience est en cours...

16 h 30
Léo sort de l'école

Comment
le marketing pédagogique
conditionne les élèves

Épisode 10

« Aujourd'hui, la maîtresse m'a donné une valise magique »

À la porte de l'école, Catherine, Xavier et Bertrand attendent la sortie des enfants. Ils viennent chercher Léo, le fils de leurs voisins, élève en CM2. Quelques secondes d'attente et Léo apparaît…

<u>Catherine</u> : Bonjour Léo, comment vas-tu ?

<u>Léo</u> : Bien.

<u>Catherine</u> : Tu as passé une bonne journée ?

<u>Léo</u> : Très bonne, c'était le dernier jour avant les vacances. En plus, cet après-midi, on a fait du collage. La maîtresse a donné à tout le monde un bâton de colle tout neuf et une valise magique. On a fait des jeux, des découpages, et après, on a eu des cadeaux, des autocollants et un petit livre. Tiens, regarde…

Léo extrait de son cartable une petite mallette cartonnée qu'il tend à Catherine. Celle-ci jette un œil rapide sur son contenu avant de la transmettre à Bertrand d'un regard interrogatif…

<u>Catherine</u> : C'est surprenant, tu ne trouves pas ?

<u>Bertrand</u> : C'est monnaie courante au contraire. Cela fait des années que via le parrainage de documents, les entreprises ont fait leur entrée dans les classes. Elles exploitent discrètement mais efficacement un filon pour communiquer auprès des enfants : les outils pédagogiques sponsorisés.

Xavier : Comment cela fonctionne-t-il concrètement ?

Bertrand : Les entreprises mettent des kits pédagogiques à la disposition des enseignants des écoles. Ces kits se présentent le plus souvent sous la forme de mallettes telles que celle-ci, qui contiennent des fiches pratiques, des gadgets éducatifs, un DVD ou un cédérom, un livret illustré, une bande dessinée, etc.

Xavier : Tout cela sur un thème donné je présume ?

Bertrand : Oui. Il y a principalement trois secteurs d'activité qui sont à l'origine de la presque totalité des kits distribués : l'alimentation, la santé et les finances personnelles. Ce sont les industriels de ces secteurs qui sont principalement présents dans les écoles. Les domaines de l'hygiène et de l'environnement arrivent également de plus en plus sur ce créneau.

Catherine : Je vois bien l'intérêt de la manœuvre pour les secteurs de la nutrition et de l'hygiène, mais celui des finances personnelles me semble moins évident…

Bertrand : C'est pourtant là que les sommes en jeu sont les plus énormes. L'argent de poche des élèves représente des millions d'euros chaque mois et les livrets d'épargne des petits, ajoutés les uns aux autres, se comptent en milliards d'euros ! Sans oublier que les enfants exercent une influence prouvée sur la façon dont les parents dépensent leur argent, ce qui représente encore quelques milliards supplémentaires.

Catherine : Tous secteurs confondus, s'agit-il d'un phénomène de grande ampleur ?

Bertrand : En 2005, plus de 800 outils pédagogiques sponsorisés, non conçus par l'Éducation nationale, ont été recensés. Et on estime que chaque mois, une vingtaine de nouveaux produits « clé en main » sont mis à la disposition des enseignants des écoles, des collèges et des lycées. On ne compte d'ailleurs plus les marques de renom présentes sur ce créneau : EDF, La Poste, Evian, Danone, GMF, Leclerc, Sanofi, Lesieur, Renault, Colgate, Beghin-Say, Nestlé, pour n'en citer que quelques-unes.

Catherine *(elle se tourne vers Léo)* : La maîtresse vous donne souvent des mallettes comme celle-là ?

Léo : Non, pas souvent, de temps en temps. La dernière fois, on a eu un livre en couleur sur la nourriture, avec des photos de champions qui mangent des hamburgers. Une autre fois, on a reçu une cassette qui raconte l'histoire d'une porte de voiture…

 Décryptage

Le marketing du « bon Samaritain »

Le contexte

L'Éducation nationale demande aux enseignants de traiter certains sujets qui ne figurent pas dans leur formation initiale (santé, hygiène, environnement...) sans pour autant leur fournir les outils pédagogiques nécessaires (dénués de marque). Les entreprises se sont engouffrées dans la faille : vêtues du costume blanc du bon Samaritain désintéressé, elles démarchent les enseignants et leur proposent des outils de compensation, souvent de bonne qualité et subtilement sponsorisés.

La stratégie des entreprises

Les entreprises liées à l'alimentation, la santé et la finance personnelle (secteurs les plus présents dans les écoles) ont compris la redoutable efficacité d'un enseignement « orienté ». La communication pédagogique permet une segmentation fine, un temps d'exposition exceptionnel (1 h 30 à 2 heures selon les séances) et une grande qualité d'écoute (en situation de confiance, dans leur univers et avec leur professeur, les élèves accordent une forte crédibilité aux messages qu'ils reçoivent). Comme les enfants sont prescripteurs, la com'pédagogique crée en bout de chaîne un lien complice entre les parents et la marque.

Le mécanisme utilisé

Les enseignants doivent aborder en classe des thèmes
tels que la santé, l'hygiène…

Pour cela, ils ne disposent pas toujours
des outils pédagogiques nécessaires

Les entreprises leur « viennent en aide » en proposant
des kits adaptés

La bonne parole portée dans un contexte favorable garantit
une réception optimale du message par l'enfant

Celui-ci exerçant une influence clairement établie
sur le comportement d'achat des parents…

…les entreprises s'offrent un territoire de publicité
immense, sous couvert pédagogique

Quelques illustrations

Ateliers sponsorisés. Une marque de colle bien connue a récemment sponsorisé des ateliers de collage mis en place dans des classes de CM2. Plus de 3 000 mallettes contenant du matériel et des livrets sur l'art du collage ont été distribuées. L'enseignant avait même la possibilité, sur sa demande, de bénéficier de l'aide d'un animateur de la marque. Argument de communication avancé par l'entreprise : aider l'enseignant à rendre son cours d'arts plastiques concret et ludique... dans l'intérêt pédagogique de l'enfant.

Surligneurs humanitaires. En 2006, une grande marque de surligneurs (feutres fluorescents) a organisé dans les écoles un concours consistant à rédiger et illustrer la plus belle lettre adressée à un élève de pays en voie de développement. Un objectif fort louable...

Le crédit s'invite en cours d'économie. Un groupe spécialisé dans le crédit à la consommation propose aux lycéens un document s'apparentant à un manuel scolaire. Composé de fiches de connaissances, d'exercices et de synthèses, ce « cours d'économie » est plutôt à destination... des parents.

1 kit sur 10 purement mercantile. Un comité paritaire regroupant des professionnels, des associations de consommateurs et l'Éducation nationale, analyse les kits pédagogiques proposés aux enseignants par les entreprises privées. Le mensuel « 60 millions de consommateurs » révèle qu'en 2005, 10 % des kits étudiés étaient purement mercantiles, 10 % étaient bien conçus au point d'être recommandables, les 80 % restant étant jugés « acceptables ».

Décodage

Séduire les enfants dès que possible

Séduire les petits dès que possible

Pourquoi les industriels tentent-ils de séduire nos chères têtes blondes dès leur plus jeune âge ? La réponse se trouve dans les conclusions des études marketing les plus récentes en la matière : en France en 2005, les enfants ont contribué aux décisions d'achats du ménage pour près de 70 milliards d'euros, 6 enfants sur 10 parvenant à imposer la marque de leur choix au niveau des achats quotidiens !

Les enfants savent faire mouche...

Le poids des 11-25 ans dans la consommation des familles s'élèverait en 2006 à 160 milliards d'euros ! « Les enfants savent faire mouche et trouvent toujours les bons arguments face à la faible résistance des parents qui veulent préserver l'image du bonheur familial » analyse une spécialiste du marketing junior. La publicité s'est engouffrée dans cette brèche et pratique l'inversion des rôles. La Peugeot 806 devient ainsi « la voiture que les enfants conseillent à leurs parents ». Et dans un spot pour Herta, une petite fille réveille sa famille en pleine nuit pour qu'on lui cuise des saucisses ; et les parents d'obéir et de la remercier...

Le rap au cœur des plans marketing

Plusieurs grandes marques ont récemment proposé à des rappeurs d'incorporer leur nom dans des textes de chansons, moyennant rémunération. L'utilisation du rap pour toucher les ados fait même partie intégrante de certaines stratégies marketing. En la matière, les entreprises n'ont fait que prendre le train en marche car les noms de marques sont souvent présents dans le rap (Adidas/Run DMC, Cadillac/Ludacris, Prada/Lil'Kim...). Mais il s'agit d'un train

qui rapporte : « Pass the Courvoisier », le tube non rému-
néré de P. Daddy, a fait progresser les ventes de cognac de
20 % lorsqu'il est sorti sur les ondes en 2003.

À l'assaut des enfants et des ados

Photo, vidéo, musique, jeux, internet... les opérateurs de
téléphonie mobile ne laissent rien au hasard pour séduire
une clientèle de plus en plus jeune. Selon une récente
enquête (2006), plus de 65 % des 10-14 ans possèdent un
téléphone portable. Pour contourner les réticences des
parents (liées en général au coût), les marketeurs ont
inventé une arme marketing imparable : le forfait bloqué.
Très alléchant, celui-ci peut toutefois contenir des pièges, à
l'image de la tarification bloquée... entre 21 heures et
8 heures en semaine, c'est-à-dire à des périodes peu com-
patibles avec l'emploi du temps d'un enfant de 11 ans !

Les labos aussi, s'attaquent aux enfants

« Fatigue passagère ? Manque de tonus ? Problèmes de
concentration ? Et s'ils manquaient de magnésium... ».
Cette publicité ne parle pas des seniors mais... des enfants
de 4 à 12 ans ! Elle est « l'œuvre » d'un laboratoire qui commercialise des pilules de magnésium au goût de chocolat et
justifie l'existence de son produit par une étude anglo-
saxonne qui indique que si les petits Français sont fatigués
et excités, c'est parce qu'ils ne trouvent plus le magnésium
nécessaire dans leur alimentation quotidienne. Un marketing tendancieux qui a pour conséquence de « médicaliser »
l'alimentation des enfants dès leur plus jeune âge...

La presse écrite sur le créneau

Enfants et adolescents constituent deux cibles de choix pour
la presse écrite. Même si les derniers mois ont été plus difficiles pour elle, la presse-ado affiche une croissance non-
stop depuis plusieurs années. En 2006, « Fan 2 », « Star
Club », « Géo Ado », « Salut », « Phosphore », « Science &

Vie junior » et « Star Academy Magazine » revendiquent plusieurs centaines de milliers de jeunes lecteurs. Au cœur de ce créneau, la presse pour les adolescentes se porte comme un charme : « Girls », « Miss Star Club », « Muteen », « Muze » ou encore « Lolie » mêlent habilement conseils, culture et mode. Du côté des plus petits, à l'image de « Witch Mag », les performances en terme de diffusion sont également intéressantes. Les annonceurs sont bien sûr très présents sur cette niche pour « tenter » nos chères têtes blondes…

Le marketing s'empare des bulles

Quoi de plus efficace que les bandes dessinées pour toucher un jeune public… La BD connaît depuis quelques mois un déploiement considérable dans la communication et le marketing. La BNP Paribas (avec Blake & Mortimer) avait ouvert la voie et beaucoup d'autres ont suivi, à l'image de la Française des Jeux et XIII (pour cibler les jeunes adultes).

L'édifiante situation américaine

« Les enfants constituent une cible de rêve pour les publicitaires du fait qu'ils sont beaucoup plus influencés que les autres groupes d'âge par les messages des annonceurs. » Une telle vulnérabilité provoque l'enthousiasme de Barbara Caplan, vice-présidente de l'entreprise de marketing Yankelovitch Partners : « Ils pourraient bien être le dernier marché restant sur terre. Face à la publicité, les adultes sont circonspects, flairent l'arnaque et le baratin. Les enfants, eux, regardent la télé et s'exclament juste : c'est super ! ». Cette même firme a présenté les résultats d'une enquête édifiante : 45 % des enfants américains ont un récepteur dans leur chambre ; 79 % d'entre eux déclarent que grignoter en regardant un programme représente leur activité favorite. D'après le magazine Consumer Report, un enfant voit en moyenne 40 000 spots de publicité par an. À la fin du collège, il peut en avoir encaissé jusqu'à un demi-million.

« Le sommeil mis à part, la télévision est l'activité à laquelle les enfants consacrent le plus de temps », affirme Bruce Watkins, chercheur à l'université du Michigan. » […] Ce texte est tiré d'un article du journaliste Paul Moreira. Il évoque la situation des petits américains face à la télévision… Pas en 2020 ni en 2030, mais en 1995, il y a déjà plus de dix ans !

© Groupe Eyrolles

19 h 15
Apéritif chez les parents de Léo

Comment le marketing
nous fait aimer le sel...

Épisode 11

« Le syndrome
du biscuit apéritif »

Répondant à l'invitation de Fernande et Michel (les parents de Léo), Catherine, Xavier et Bertrand sont venus prendre l'apéritif. Michel a servi les consommations. Fernande arrive avec un plateau chargé d'amuse-gueules…

<u>Fernande</u> : À la bonne franquette, chacun se sert. Il y a des chips, des biscuits au goût bacon, olive et fromage, des canapés, des petits légumes crus avec une sauce au fromage blanc, et d'autres petites choses…

<u>Catherine</u> : Je vais me laisser tenter par les petits canapés…

<u>Xavier</u> : Moi par les gâteaux salés aux olives, ils m'ont l'air bons comme tout…

<u>Bertrand</u> : Pour ma part, je vais goûter les petits légumes crus avec cette sauce au fromage blanc qui est très appétissante. Je fais l'impasse sur les gâteaux salés, question de ligne…

<u>Fernande</u> : Ce ne sont pas deux ou trois gâteaux qui vont te faire prendre du poids…

<u>Bertrand</u> : Le problème est de pouvoir se limiter à deux ou trois ! Lorsque l'on commence à mettre la main dans un sachet de biscuits salés, on a beaucoup de mal à s'arrêter. Chacun en a fait l'expérience au moins une fois dans sa vie. C'est ce que l'on appelle le syndrome du biscuit apéritif : plus on consomme de produits salés, plus on y est accro.

<u>Fernande</u> : En ce qui me concerne, je trouve un peu abusif de comparer la nourriture à un produit causant un phénomène de dépendance...

<u>Bertrand</u> : Je comprends que cela te semble exagéré ; il est pourtant fréquent qu'une personne affirme dépendre de sa dose quotidienne de café, de thé ou de chocolat. Et il est fort probable que les gros buveurs de café que nous connaissons puissent être considérés comme accros à la caféine et dépendants d'elle !

<u>Michel</u> : Pour revenir au sel, on dit de toute façon qu'il est bon pour la santé, alors...

<u>Bertrand</u> : À dose raisonnable, oui. Mais en consommer de manière excessive est préjudiciable. Une alimentation trop salée entraîne une surconsommation calorique avec à la clé, un risque de surpoids important. Le problème est que l'industrie agro-alimentaire incorpore du sel dans pratiquement tous les aliments préparés. Résultat, chacun d'entre nous absorbe environ quatre kilos de sel par an, soit deux fois plus que la dose limite fixée par l'Organisation Mondiale de la Santé.

<u>Catherine</u> : Dans ce cas, il n'y a qu'à demander aux industriels de réduire les doses !

<u>Bertrand</u> : Facile à dire ! Le sel est un enjeu majeur pour les industriels, à l'image de son pouvoir assoiffant. Un scientifique a calculé récemment qu'une diminution de l'apport quotidien en chlorure de sodium de 11 à 6 grammes se traduirait par la réduction de la consommation de boisson de 330 millilitres par personne et par jour. L'équivalent d'une cannette si tu préfères.

<u>Xavier</u> : De quoi donner des sueurs froides aux fabricants...

<u>Bertrand</u> : Absolument. Les géants de l'agroalimentaire, qui dominent non seulement le marché mondial des chips et des biscuits, mais aussi celui des eaux et des sodas, subiraient un important manque à gagner en cas de diminution de la teneur en sel des aliments industriels.

 Décryptage

L'étrange marketing-lobby du « salé »

Le contexte

Si depuis la généralisation de la chaîne du froid, le sel ne sert quasiment plus à la conservation des aliments, on lui a découvert d'autres usages : grâce à sa faculté de rétention d'eau, le chlorure de sodium augmente artificiellement le poids (et le prix au kilo) de certains produits ; le sel est aussi utilisé comme cache-misère pour masquer la fadeur d'aliments bas de gamme ; enfin et surtout, il y a l'effet d'accoutumance qu'il peut entraîner (chacun a déjà fait l'expérience de la difficulté que représente le fait d'arrêter de manger des biscuits salés).

La stratégie des entreprises

Le salé appelant le salé, la stratégie des fabricants consiste à inclure discrètement des sels cachés dans la composition de leurs produits, afin de stimuler la consommation (celle des produits salés, mais aussi celle des sodas car le salé donne soif). Tout l'enjeu marketing consiste donc à masquer au mieux la présence de sels ajoutés, reconnue comme contraire au principe d'une alimentation saine et équilibrée.

Le mécanisme utilisé

Plus on mange salé, plus on s'habitue à manger salé et plus l'organisme réclame du salé

Pour les industriels, chaque pincée rajoutée
vaut donc de l'or !

Problème : les analyses scientifiques montrent les dangers
de la surconsommation de sel sur la santé
(notamment le lien avec l'hypertension)

Contre-feu marketing : les industriels financent des études
qui réfutent ces analyses et mettent en avant des leurres
tels que l'effet bénéfique du calcium sur l'hypertension

Ces études sont mises en avant à grand renfort de publicité
afin de faire croire à un débat (une incertitude) au sein
de la communauté scientifique et médicale

Cette situation permet de maintenir un *statu quo*
« tout bénéfice » pour les fabricants…

Quelques illustrations

La salière dédouanée. Ce n'est pas la salière qui est responsable de notre trop forte consommation de sel... Plus de 80 % du sel que nous ingurgitons est en effet incorporé (à notre insu) par les fabricants dans les aliments qu'ils commercialisent. La présence de chlorure de sodium est pourtant rarement indiquée sur les étiquettes et lorsqu'elle l'est, c'est en général en sodium qu'elle est exprimée. L'astuce est de taille, car la teneur en sodium est 2,54 fois moins élevée que la teneur réelle en sel ! L'art de manipuler par les chiffres...

Soupes discrètement trop salées. En 2004, une grande enquête réalisée par le magazine « Que Choisir » révélait que sur 24 soupes vendues en grande surface, 22 contenaient trop de sel. Impossible toutefois, pour le consommateur, de s'en rendre compte, seule la teneur en sodium étant le plus souvent exprimée.

Chips à l'eau de mer. Les quantités de sel ajoutées par les fabricants sont parfois astronomiques. On estime par exemple qu'un bol de céréales contient autant de sel qu'un bol d'eau de mer. La palme revient au paquet de chips (250 gr) qui contient à lui seul l'équivalent de trois bols d'eau de mer ! Et du sel « caché », on en trouve partout : biscuits sucrés, soupes, pain, plats cuisinés... Une « omniprésence » proportionnellement inverse à la discrétion des étiquettes...

Décodage

Tours de passe-passe
sur les étiquettes

Erreur calculée

Lorsque l'on divise une masse par un volume, on obtient une masse volumique et non un pourcentage. Un principe mathématique qui échappe curieusement à beaucoup d'industriels de l'agroalimentaire. Des papiers d'emballage de bâtonnets glacés annoncent par exemple 9 % de matières grasses alors qu'ils devraient annoncer 9 gr/100 ml, ce qui correspond à un pourcentage nettement plus élevé...

Fausse contenance ?

À plusieurs reprises, des associations de consommateurs se sont étonnées du fait que des boîtes (par exemple de crème légère) ne contenaient pas les 20 cl affichés sur l'étiquette indiquant la contenance, mais 18 cl, voir 15 cl dans certains cas. Des écarts importants qui, au bout du compte, gonflent fortement le prix au litre ou au kilo.

À chacun sa notion du sucré...

Le consommateur qui prendrait le temps de comparer les mentions liées au sucre sur les étiquettes des bouteilles d'eau aromatisées serait à peu près certain de le perdre (son temps). En effet, si la mention « peu sucré » signifie 4 morceaux de sucre par litre chez Volvic, elle correspond à 5 morceaux chez Cristaline, 7 chez Ondine, 8 pour Oasis tea pêche et Vittel citron tonique, et de 9 à 10 morceaux pour Perrier fluo (source : mensuel « Que choisir »).

Tour de passe-passe à la Foire de Paris

Lors de la dernière Foire de Paris, les étiquettes d'un vendeur de meubles annonçaient 30 % de réduction pour toute commande passée sur le stand. Mais, surprise à la lecture du catalogue de ce fabricant, les prix affichés pendant la Foire étaient de 25 % supérieurs à ceux indiqués dans le catalogue annuel. La remise « Foire de Paris » n'étant donc que de 5 % !

25 % de fraude sur l'étiquetage

En juillet 2001, un laboratoire indépendant a réalisé une enquête sur l'étiquetage de 32 poissons (dorades, loups, turbots, bars, et saumons) comportant la mention « sauvage ». Après analyse, il s'est avéré que les loups, les bars et les turbots méritaient effectivement cette appellation. Mais les quatre saumons testés étaient abusivement indiqués « sauvages », de même que quatre des dix dorades analysées. Ainsi, au total, 25 % des poissons étudiés (8 sur 32) comportaient un étiquetage mensonger.

Ni fraises, ni cerises

Aux États-Unis, Gerber, la célèbre marque de nourritures pour nourrissons, a récemment été accusée d'utiliser des étiquettes mensongères. En cause, un de ses produits, un « fruitjuice snack », dont l'emballage mettait en évidence des images d'oranges, de cerises et de fraises. Or ces fruits n'étaient pas présents dans la composition du produit, essentiellement à base de sucre et de sirop de céréales.

Médecine douce en question

Une récente enquête sur la médecine douce publiée par le Toronto Star a mis en avant le manque de contrôle de qualité et les étiquettes trompeuses dans le secteur des remèdes à base de plantes médicinales au Canada. Grâce à des essais indépendants, le journal a ainsi pu démontrer que les ingrédients figurant sur l'étiquette ne correspondaient pas au contenu de la bouteille.

Importantes nuances

« Au goût de… », « Saveur de… », « Arôme de… », « Arôme naturel de… », difficile pour le consommateur de faire la distinction entre ces appellations. Les différences ne sont pourtant pas négligeables. Un « yaourt à la fraise » contient de la fraise alors qu'un « yaourt saveur fraise » ou « goût fraise » ne contient que des arômes de fraise. En outre, sur les 6 000 molécules aromatiques identifiées dans la nature (fraise, vanille, pistache…), l'industrie chimique sait en reproduire environ la moitié. Les autres sont des arômes artificiels (de synthèse). « Arôme naturel de… » signifie par exemple que la substance aromatique utilisée dans le produit est extraite de la source d'arôme de référence. La mention « Arôme naturel » (sans qualificatif) est applicable à tout arôme issu de matières premières naturelles. La mention « Arôme de » est plus ambiguë car elle s'applique à la fois aux arômes de synthèse et à certains arômes naturels (d'origine biotechnologique). Enfin, le mot « Arôme » seul renvoie à coup sûr à un arôme artificiel…

20 h 45

Dîner au restaurant

Comment les restaurateurs
nous font rester plus longtemps
à table…

Épisode 12

« Une atmospheric
qui me convient bien... »

Afin de poursuivre agréablement la soirée, Bertrand a décidé d'emmener Catherine et Xavier dîner dans un bon restaurant : « Chez Alexandre ». L'ambiance est cosy et chaleureuse, le décor blanc-taupe est çà et là relevé d'une pointe de couleur, les nappes sont parfaitement amidonnées et les tables joliment dressées. Les trois jeunes gens sont accueillis avec une grande convivialité par le maître d'hôtel et installés dans un coin agréable de la salle...

<u>Bertrand</u> : J'aime beaucoup cet endroit. L'atmosphère est pour ainsi dire familiale, on est bien reçu et le maître d'hôtel est de bon conseil. En plus, ici, les tables sont assez espacées alors qu'à Paris, on mange souvent collés les uns aux autres. En bref, il règne dans ce restaurant une « atmospheric » qui me convient bien...

<u>Xavier</u> : Une « atmospheric » ?

<u>Bertrand</u> : Oui, c'est le mot anglais pour définir l'ambiance sensorielle qui se dégage d'un endroit ; l'ensemble des facteurs qui font que l'on se sent bien ou pas dans un lieu donné et qui ont au bout du compte une réelle influence sur les comportements de consommation. Dans la restauration, l'atmospheric est un élément essentiel. Tiens, Catherine, je te prends à témoin : quelles impressions ressens-tu sur ce restaurant depuis que nous sommes rentrés et avant même d'avoir dégusté la moindre bouchée ?

<u>Catherine</u> : À première vue un sentiment très positif. J'ai tendance à penser que c'est une table où l'on va passer un agréable dîner. Le moindre détail sonne juste et le service

est prévenant. On imagine volontiers que c'est la même chose en cuisine et que le chef met un peu de son âme dans chaque assiette qu'il prépare.

Bertrand : Bravo ! C'est exactement l'effet recherché. On se sent bien ici, donc on a envie de se faire plaisir, quitte à être moins raisonnable que prévu au niveau du porte-monnaie…

Xavier (*taquin*) : Cela tombe bien, c'est toi qui invites…

Le maître d'hôtel s'approche alors pour distribuer les cartes. Il commence naturellement par Catherine et se penche délicatement vers elle afin de lui remettre le précieux sésame. Puis il renouvelle son geste à l'identique auprès des deux garçons…

Le maître d'hôtel : *Je vous laisse faire votre choix (puis il s'éloigne en esquissant un large sourire).*

Bertrand : Voyez-vous, l'attitude du maître d'hôtel vous a certainement semblé banale et classique pour un restaurant tel que celui-ci… Pourtant, dans ce petit cérémonial auquel on ne prête guère attention, chaque détail a son importance…

Catherine : Précise ta pensée…

Bertrand : Le simple fait de se pencher délicatement en direction de chacun de nous pour nous donner la carte par exemple, a influencé notre comportement sans que nous nous en rendions compte.

Xavier : C'est-à-dire ?

Bertrand : Cette posture entraîne un sentiment d'intimité, presque de familiarité. Les expériences effectuées en marketing montrent qu'un serveur qui se penche légèrement vers ses clients obtient des pourboires plus importants qu'un serveur qui conserve une posture droite, donc plus distante.

Xavier : Alors tu penses que cette attitude était entièrement artificielle et calculée ?

Bertrand : Pas nécessairement. Chez ce maître d'hôtel, qui est quelqu'un de naturellement très sympa, il peut s'agir d'un réflexe naturel. Mais qu'il soit intentionnel ou non, il n'est pas neutre.

Catherine : Le sourire, en tout cas, n'était pas sur commande. Nous les femmes, savons distinguer un sourire franc d'un sourire factice. Celui-là était sincère...

Bertrand : Oui, certainement. Dans cette profession, le sourire est de toute manière un élément indispensable. C'est une évidence bien connue : un large sourire est plus efficace dans le commerce qu'une moue renfrognée. Un beau sourire favorise une évaluation positive de la personne : il rend plus amical, plus serviable et même plus intelligent si l'on en croit les divers tests qui ont été pratiqués...

Décryptage

Faire durer le repas
pour faire consommer davantage

Le contexte

L'univers de la restauration est fortement concurrentiel. L'enjeu, pour le restaurateur, est d'abord de parvenir à faire entrer le client dans son restaurant plutôt que dans celui du voisin ! Il peut le faire de plusieurs manières, par exemple en interpellant les clients potentiels sur le pas de la porte (à l'image de certains restaurateurs du Quartier latin) ou, plus sûrement, en proposant des menus et des plats à la carte avec un bon rapport qualité-prix. Ce n'est qu'une fois le client attablé, et grâce aux « à-côtés » du repas, que le restaurateur réalise sa marge bénéficiaire : sur les cafés, les apéritifs, les digestifs, les vins, les eaux minérales et les desserts (à condition qu'ils soient « maison »). Bref, sur tout ce qui nécessite de faire durer un peu le temps du repas...

La stratégie des restaurateurs

Elle consiste très simplement à faire en sorte de prolonger le plus longtemps possible (mais sans jamais agacer le client) le temps passé à table, afin d'augmenter la consommation accessoire (de plaisir) et de faire gonfler la note finale.

Quelques illustrations

Une musique lente pour rester à table. Plusieurs expériences marketing ont été menées dans des restaurants pour étudier les différences de comportement des clients en fonction du tempo de la musique diffusée. Dans l'une de ces expériences, les clients étaient exposés à la même musique, diffusée tantôt sur un tempo lent, tantôt sur un tempo rapide. Résultat, avec le tempo lent, les clients sont restés en moyenne 1 h 35 à table (pour une addition de 28 €), tandis que les clients exposés au tempo rapide sont restés attablés 1 h 19 (pour une addition d'à peine 22 €).

Une odeur stimulante pour prolonger le repas. D'autres expériences ont montré qu'une odeur familière et agréable est aussi un facteur qui pousse le client à rester plus longtemps à table. Ces effets ont par exemple été constatés dans un restaurant diffusant un jour sur deux des senteurs citronnées (le citron est réputé posséder un effet stimulant) et aucune ambiance olfactive particulière les autres jours. Le test, mené sur plusieurs semaines, a révélé une nette augmentation du temps passé à table en cas d'ambiance citronnée (1 h 46 contre 1 h 31 en ambiance neutre), ainsi qu'une addition moyenne plus élevée (22 € contre 17 €) avec, notamment, une augmentation significative de la consommation de desserts…

Musique de prestige pour vin de prestige. Des expériences menées dans des grands restaurants ont montré que la diffusion d'une musique classique de qualité (« Les Quatre Saisons » de Vivaldi, « Les gymnopédies » d'Erick Satie…) incite à prendre le temps de la dégustation et favorise la commande de plats et de vins raffinés. Selon les chercheurs, il est en effet probable que dans une telle situation, la musique agisse comme « un signal externe du comportement à adopter ». Etant donné qu'une élégante musique classique véhicule une image sophistiquée et haut de gamme, le client adopte inconsciemment un comportement similaire et a tendance à choisir des produits et des vins plus nobles (donc plus coûteux au moment de l'addition).

L'art de frôler le client. Ainsi que nous avons déjà eu l'occasion de l'évoquer dans un précédent chapitre de ce livre, les effets du toucher en matière de commerce sont aujourd'hui reconnus (et enseignés dans la plupart des séminaires de vente). Le test de la « paluche » (le fait pour la serveuse ou le serveur de nous effleurer ou non le bras lorsqu'elle (ou il) nous demande si nous désirons un café pour terminer le repas) est significatif en la matière : les clients « touchés » commandent plus volontiers un café ou un digestif (et laissent de surcroît un pourboire plus important) que ceux qui échappent au contact de l'épiderme...

Décodage

Des liquides qui rapportent

Taux de caféine inconnu

Le petit café pris en fin de repas est un produit sur lequel les restaurateurs font une marge bénéficiaire substantielle (« avec un seul kilo de café, on sert un grand nombre d'express » confie un restaurateur). Entre 2001 et 2006, les tarifs du petit noir ont augmenté en moyenne de 25 % (« alors que le cours du café n'a cessé de chuter sur cette période » commente un spécialiste). Histoire d'augmenter la marge, les teneurs en caféine (qui dépendent en partie de la quantité de café utilisée) sont en outre très variables d'un établissement à l'autre (de 197 à 2.220 mg/litre, selon une récente enquête effectuée par le magazine « Que Choisir »).

Le marketing (très) rentable du vin au verre

Lorsque les restaurateurs se sont aperçus que la consommation de vin à table était en baisse (« parce qu'une bouteille ou une demi-bouteille, c'est trop ou trop cher »), ils ont eu l'idée de proposer le vin au verre. « J'achète mon vin environ 4 € TTC la bouteille et je vends le verre 3 € HT. Autrement dit, un verre me paie la bouteille ; le reste, c'est de la marge » confie une restauratrice alsacienne… Le client, lui, à l'impression de dépenser moins, même s'il paye en réalité très cher son verre de vin.

L'eau minérale est bonne pour la santé…
et pour les marges

En 2006, un restaurateur français s'approvisionne en eau minérale à raison d'environ 25 centimes d'euro la bouteille de 50 cl (prix moyen qui peut légèrement varier en fonction de la marque et du grossiste). La même bouteille est revendue entre 3 € et 4 € HT selon les restaurants…

Très attachés à l'apéritif...

Pour les restaurateurs, l'apéritif est un bon moyen de faire grimper l'addition. Un jus de tomate, souvent acheté au litre (environ 95 centimes d'euro hors taxes la bouteille chez le grossiste) est proposé à 3,50 € le verre de 30 cl (ce qui fait un rapport de 1 à 12). Une cannette de bière de 25 cl, achetée par le restaurateur 55 centimes d'euro, est revendue 3,20 € ou 3,50 €...

Blancs d'Alsace au sommet

Riesling, Pinot gris, Muscat, Sylvaner..., depuis quelque temps, les cépages alsaciens reviennent à la mode dans les restaurants et pas uniquement ceux spécialisés dans les plats de poissons. « Ils attirent en particulier de plus en plus la clientèle féminine » précise un œnologue. Les restaurateurs ont compris qu'ils pouvaient tirer bénéfice de cet engouement. Un Riesling grand cru Kessler (vendu autour de 15 € la bouteille chez le producteur) est proposé à 49 € dans un restaurant parisien du Ve arrondissement de Paris. Dans ce même restaurant, un Sylvaner Willy Gisselbrecht (6 € chez le producteur) est étiqueté à 19 € sur la carte des vins.

Rendements à (et pour) la chaîne

Certaines chaînes de restauration s'assurent des contrats d'exclusivité avec des vignobles et exigent d'eux un rendement soutenu apte à répondre à leurs besoins. Cette logique de production peut cependant s'avérer contradictoire avec la pérennisation de la qualité du cépage. « Les rendements sont les ennemis du bon vin » commente ainsi un dégustateur professionnel : « tout vignoble nécessite une maîtrise du cycle végétatif de la vigne pour traduire dans le raisin une parfaite maturité physiologique. Un cépage alsacien ou bourguignon à haut rendement, cela devient de l'eau et quelques molécules chimiques ». Mais au restaurant, si la qualité baisse, le prix reste stable...

L'euro a permis aux restaurateurs de faire mousser les prix

Le calcul de l'évolution des prix dans les restaurants sur la période 1998-2004 (les années qui englobent le passage du franc à l'euro) montre ceci : alors que l'indice général des prix à la consommation calculé par l'Insee s'établit sur cette période à 8,78 %, les tarifs des trois consommations les plus courantes ont explosé de près de 38 % ! Les jus de fruits ont enregistré la plus forte augmentation (+ 46,4 %), devant la bière (+ 38,2 %) et l'apéritif anisé (+ 27,6 %). (Source : *UFC – Que Choisir*).

22 h 30
Dernier verre dans un bar branché

Comment
le night-marketing nous dicte
ce que nous devons boire !

Épisode 13

« Pourquoi la musique est-elle si forte ? »

Catherine, Xavier et Bertrand font la queue à l'entrée de « The Madeline », un bar tendance. Comme eux, ils sont quelques dizaines à attendre dans le vaste hall de cette ancienne brasserie transformée en pub. Après quelques minutes de patience, notre trio rejoint Valérie et Eric, deux de leurs amis. Un serveur arrive à leur table…

Le serveur : Bonsoir, que désirez-vous boire ?

Valérie : Bonsoir, qu'est-ce que vous nous conseillez ?

Le serveur : Pour vous Mesdames, je recommande un Cointreaupolitan, le cocktail des femmes trendy et chics, très en vogue à New York, Londres et Shanghai ; c'est un subtil mélange de Cointreau, de cranberry et de jus de citron. Et pour les Messieurs, je conseille notre Chivas Régal 18 ans d'âge ; vous verrez qu'il porte bien son nom…

Valérie *(après avoir jeté un regard interrogatif à l'ensemble des attablés)* : Et bien, nous vous faisons confiance. Allons-y pour le Cointreaupolitan et le Chivas…

Le serveur s'éloigne et le petit groupe engage des discussions. Eric incite Bertrand à venir assister au prochain Festival du court-métrage qu'il organise dans quelques semaines et Valérie explique à Catherine et Xavier tout le bien qu'elle pense de son chef de service. Mais la musique monte soudainement d'un cran et interrompt les conversations…

Catherine : Mais pourquoi diffusent-ils de la musique aussi forte ?

Bertrand : Tout simplement parce qu'écouter de la musique forte fait boire davantage !

Valérie : Comment cela ?

Bertrand : La musique, selon le volume auquel elle est diffusée, agit sur le comportement du consommateur. Plusieurs tests récents montrent que dans un contexte tel que celui de ce soir (un pub bien rempli avec des petits groupes bruyants et un peu chahuteurs, qui plus est une veille de week-end), une musique diffusée avec un volume élevé produit une sorte d'effet de suractivation, à la fois physiologique et psychologique, qui incite les individus à plus consommer. Mais attention, ceci est une question de contexte ; la musique doit impérativement être en adéquation avec le lieu dans lequel elle est diffusée. Ce même volume sonore pratiqué dans un magasin de décoration ou un restaurant ferait à coup sûr fuir les clients…

Eric : La musique de ce soir est non seulement forte, mais rapide. Le rythme aussi a une influence sur la consommation ?

Bertrand : Oui. Les tests auxquels je viens de faire référence démontrent également que les patrons de bars, de pubs et de boîtes de nuit, ont tout intérêt à diffuser des musiques à tempo rapide car un rythme soutenu augmente de façon significative la vitesse à laquelle les clients vident leur verre ! Tout cela est inconscient mais bien réel : il existe une corrélation démontrée entre le tempo musical d'un endroit et le comportement de consommation de ceux qui s'y trouvent.

Xavier : C'est subtil. Il y a quelque temps, j'avais lu dans un article de magazine que les boîtes de nuit utilisaient certaines autres astuces pour faire davantage boire leurs clients : ne pas mettre la climatisation en marche pour faire grimper la température et donner chaud, distribuer gratuitement avec les premières consommations des biscuits apéritif très salés pour donner soif, etc.

<u>Bertrand</u> : Absolument. C'est la somme de tous ces petits détails qui permet à des endroits comme celui dans lequel nous nous trouvons de faire grimper le chiffre d'affaires. Le marketing de la nuit maîtrise parfaitement la psychologie de l'ambiance et adapte une idée finalement assez simple : flatter les sens des clients et créer des ambiances sensorielles favorables permet d'obtenir des effets positifs sur la consommation.

© Groupe Eyrolles

 Décryptage

Le tendancieux marketing du « grand frère bienveillant »

Le contexte

Les alcooliers exploitent depuis longtemps la moindre niche du marché de la consommation d'alcool chez les adultes. Ce marché n'offre donc plus de perspectives importantes de progression. Lycéens et étudiants sont récemment devenus la nouvelle cible de choix des fabricants et beaucoup des boissons dernièrement créées ont été conçues pour séduire un public de plus en plus jeune. Mais la loi est vigilante sur ce terrain et les fabricants doivent déployer des stratégies marketing en conséquence…

La stratégie des entreprises

Elle repose sur la conjonction de trois éléments :

– La création de nouveaux produits alcoolisés spécialement marketés pour répondre au goût des jeunes. Il s'agit principalement des « premix », cocktails d'alcool et de sucre (avec beaucoup de sucre pour cacher le goût de l'alcool) aux noms et aux saveurs exotiques.

– La mise au point et la large diffusion d'un discours accompagnateur de « grand frère bienveillant », destiné à se forger une respectabilité aux yeux de la société… et de la loi.

– Le parrainage « pédagogique » des soirées étudiantes, concerts, open bar et autres galas de grandes écoles… Un vivier qui permet aux fabricants de fidéliser une clientèle d'avenir.

Le mécanisme utilisé

Les alcooliers actionnent simultanément plusieurs mécanismes marketing. L'un des plus insidieux est celui de la banalisation de l'ivresse. Il peut se décliner de la façon suivante :

Les alcooliers jouent les généreux mécènes et sponsorisent les fêtes de jeunes, en fournissant de l'alcool gratuitement ou à prix réduit

Simultanément, ils financent des campagnes de sécurité routière incitant « celui qui conduit » à ne pas boire et diffusent ce message « citoyen » à grand renfort de publicité

Ainsi dédouanés, ils peuvent banaliser l'ivresse pour les jeunes qui ne prennent pas le volant

Au final, le message piégé des alcooliers peut se résumer ainsi : « Vous êtes quatre ? Que celui qui conduit ne boive pas, mais que les trois autres ne se gênent pas pour boire pour quatre ! »

Un message qui semble trouver de l'écho : plusieurs études sociologiques récentes montrent que les jeunes sont devenus des adeptes du « binge drink », expression qui vient du

verbe anglais « to binge » (« prendre une cuite »). Pour passer une bonne soirée, il ne s'agit plus désormais de boire un verre ou deux, mais d'ingurgiter rapidement assez d'alcool pour en ressentir les effets…

Quelques illustrations

«Yes aux YAS ». « Les jeunes disent Yes aux YAS » peut-on lire sur le site internet de la Fédération française des spiritueux. Explication : « Les Young Adult Spirit (YAS ou spiritueux pour jeunes adultes) forment une catégorie destinée à attirer les jeunes. Ils se posent en pôle d'attraction principal du linéaire TGV (Téquila-Gin-Vodka) : alcools blancs, liqueurs modernes, punchs et cocktails y sont regroupés. » Et le site de conclure : « Au rayon spiritueux, bien des marques aimeraient être YAS ! ».

La boisson qui dessoûle. Elle est apparue au début de l'année 2006. Point d'orgue à elle seule des stratégies marketing des alcooliers, la « Sécurity Feel Better » est une boisson digestive à base de plantes (notamment d'artichaut) dont la particularité est de faire baisser le taux d'alcool dans le sang trois à six fois plus vite en agissant sur le foie. Ce « miracle » laisse toutefois dubitatifs certains médecins. Alors, boisson qui dessoûle ou arnaque marketing ? C'est l'avenir qui le dira…

La boisson des DJ et des trend-setters. Dans la série des nouveaux produits alcoolisés marketés pour séduire les jeunes, Kriter a lancé « Kryo », une boisson aromatisée alcoolisée à base de vin pétillant. En 2005, la campagne promotionnelle de Kryo a reposé sur une première phase de buzz (rumeur) avant le déclenchement d'actions ciblées vers les trend-setters, les DJ, les patrons de boîtes de nuit, etc.

Sexual wine. Après 22 heures, le vin n'est plus consommé. Il est détrôné dans les bars et les boîtes de nuit par la bière et l'alcool sans forcément que cela réponde aux goûts des femmes et des jeunes. C'est ce constat qui a commandé en 2005 à la création du premier « sexual wine » : des petites bouteilles de 20 cl au look très design, baptisée tout simplement « Le » pour les hommes et « La » pour les jeunes femmes. Une logique marketing sexuée, empruntée à la parfumerie, qui pourrait bien trouver de l'écho auprès des jeunes...

Le vin qui se boit à la bouteille. Ce n'est pas une bière mais une petite bouteille de bordeaux AOC de 25 cl, capsulée. Destinée aux jeunes et baptisée « Lubie », elle fait un tabac dans les soirées festives et décontractées.

Décodage

Derrière le discours vertueux, le commercial...

Alcool en douce pour les ados

Pour continuer de donner le sentiment qu'ils se soucient de la prévention de l'alcoolisme chez les jeunes, les alcooliers trouvent sans cesse de nouvelles formules qui leur permettent de « contourner » la réglementation tout en clamant haut et fort qu'il faut la respecter. Finis donc les bières fortes et les degrés élevés, place désormais aux « malternatives » (boissons à base de malt qui ont permis aux producteurs de bière, dont le marché s'effritait, de conquérir les jeunes) et aux « vinipops » (cocktails à base de vins aromatisés) qui échappent à la taxe sur les premix...

Le « night marketing »

Le marketing de la nuit (night marketing) regroupe l'ensemble des actions marketing visant spécifiquement le monde de la nuit, par exemple les actions promotionnelles et publicitaires effectuées dans les boîtes de nuit. Il est naturellement utilisé par les marques d'alcool et les marques ciblant plus particulièrement les « jeunes branchés ». Et il constitue justement une « branche » à part entière du marketing, avec ses techniques, ses spécialistes et ses « chercheurs ». Une branche plutôt rentable selon nos informations...

Du vin pour les « jeunes adultes »

Les 20-25 ans connaissent mal cette « exception culturelle française » qu'est le vin. Et les viticulteurs parviennent peu à séduire les jeunes générations qui préfèrent souvent se tourner vers les alcools plus forts. En 2005, le Syndicat des AOC Bordeaux a donc décidé de réagir. Sur un mode initiatique (autorisé par la loi Evin) et avec une perspicacité très marketing, ce syndicat a accompagné le lancement de trois vins (labellisés « e-motif ») avec un astucieux « guide des émotions » et un site internet qui aide les jeunes adultes à associer un vin à un lieu, une ambiance ou une occasion particulière (la Saint Valentin), tout en proposant des achats en ligne (trois bouteilles livrées en trois jours pour 18 €)...

Le champagne aussi

En 2005, Dom Pérignon, la marque mythique de champagne, a lancé une nouvelle cuvée sur le mode « glamour » pour séduire les jeunes « NAP ». Pour ce lancement, le marketing a fait les choses en grand : le top model Helena Christensen, le photographe Tim Delaney, un loft à Los Angeles pour une soirée people autour du produit... De quoi s'offrir une image pétillante et s'inviter à la table de la jeunesse dorée. Le tout via un discours axé sur le luxe sage et la consommation modérée...

Les « spiritueux », une notion floue...

Les jeunes ne connaissent pas les spiritueux. Selon une enquête réalisée en mars 2006 par Ipsos pour la Fédération Française des Spiritueux (FFS), près de la majorité des Français ne savent pas que les spiritueux sont des boissons qui contiennent de l'alcool de distillation. L'enquête montre aussi qu'une grande majorité des moins de 35 ans disent ne pas savoir ce que regroupe cette appellation, alors que leur niveau de consommation de spiritueux est assez proche de celui de leurs aînés.

Une bière en bleu et blanc pour séduire les jeunes femmes

En 2006, la marque Kronenbourg s'est attaquée à un nouveau défi sur le marché de la bière : séduire une clientèle plus jeune et plus féminine. Une bière blanche a ainsi été lancée à leur intention (sous la marque 1664). Baptisée tout simplement « Blanc » (couleur symbole de la pureté), cette bière aromatisée aux agrumes est commercialisée dans une jolie bouteille bleue perlée de gouttelettes (qui évoquent la fraîcheur des sodas), l'étiquette et la capsule étant blanches. Un design et des couleurs en rupture totale avec les codes habituellement utilisés par les producteurs de houblon, et qui ont tendance à faire oublier que « Blanc » reste une bière...

23 h 52
Un zapping télé avant de dormir

Comment le petit écran
nous hypnotise !

 **Épisode 14**

« Des séries
et des émissions de télé-réalité... »

De retour chez eux après avoir pris congés de leur cousin Bertrand et de leurs amis Eric et Valérie, Catherine et Xavier s'octroient un petit zapping télé avant d'aller se coucher. Xavier s'est emparé de la télécommande et passe d'une chaîne à l'autre. Il annonce les programmes au fur et à mesure...

<u>Xavier</u> : « Sans aucun doute », « Nip/Tuck », les meilleurs moments de « La nouvelle star », « Entretien intime », une annonce pour le prochain « Ça se discute », une autre pour « Secrets d'actualité », la rediffusion d'un épisode de « FBI, portés disparus », des infos, publicité, publicité,...

<u>Catherine</u> : Des séries et des émissions de télé-réalité... À croire que ce sont les deux seules recettes du succès à la télévision...

<u>Xavier</u> : Oui, j'ai lu dernièrement un article consacré à ce sujet. Le journaliste y expliquait que les années 1990 et 2000 ont été marquées à la fois par une montée en puissance de la banalisation de l'ordinaire et par l'apparition de la vie privée sur le petit écran. Il appelait cela « le marketing de l'impudeur »...

<u>Catherine</u> : Je suis bien d'accord avec lui. Aujourd'hui, on a l'impression que les producteurs ne fabriquent plus que des concepts démagogiques, pour et avec des « vrais gens » à qui l'on offre de venir confesser leurs malheurs ou leurs obsessions. Le tout pour faire de l'audimat sur le dos d'une

certaine misère humaine. L'intérêt de l'affaire, c'est que les thèmes sont déclinables à l'infini : anorexie, boulimie, prostitution, infidélité, exclusion...

<u>Xavier</u> : Oui, le journaliste auquel je viens de faire référence n'écrit pas autre chose quand il souligne que « la sacralisation de la victimisation fait les beaux jours de la télé ». Les chaînes ont en effet parfaitement compris le parti qu'elles pouvaient tirer du sentiment de frustration qui habite le citoyen lambda à notre époque. L'exhibition de l'ordinaire, c'est une recette miracle : elle console et rassure le téléspectateur, ne coûte pas très cher à produire et fait de l'audience ce qui assure le remplissage des tunnels publicitaires... En plus, c'est un cercle sans fin : des millions de gens se disent qu'ils pourraient eux aussi passer à l'écran puisqu'ils y voient des individus d'une banalité équivalente à celle qu'ils pensent être la leur...

<u>Catherine</u> : Et ce qui me gêne encore davantage, c'est d'imaginer ce que ces émissions impliquent après coup pour ceux qui sont subitement exposés, passant de l'anonymat à une célébrité qu'ils n'ont pas forcément recherchée et dont ils ne pouvaient pas mesurer les conséquences... Que devient le jeune chanteur à qui on a laissé croire qu'il pouvait devenir une star du jour au lendemain ? Et la jeune anorexique que l'on montre en train de se faire vomir dans les toilettes ? Et que devient le jeune homme qui avait peur de son père et qu'un animateur a convaincu d'avouer son homosexualité à une heure de grande écoute ? Il ne s'agit plus ici seulement de marketing mais de morale.

<u>Xavier</u> : Si cela peut te consoler, j'ai lu tout dernièrement que la télé-réalité avait connu une petite usure dans les premiers mois de 2006 et que le genre commençait un peu à lasser. D'après ce que je sais, les chaînes essaient d'ailleurs de se tourner vers d'autres eldorados, comme les telenovelas.

Catherine : J'avais vu ce genre de programmes lorsque j'étais allée au Mexique il y a quelques années. C'est un peu l'équivalent des romans-photos, mais à la télévision…

Xavier : Exactement. C'est un genre télévisuel qui cartonne dans le monde entier, en particulier en Amérique latine où il est apparu et où il passionne littéralement les foules. Au Brésil, certaines séries rassemblent jusqu'à 70 % de téléspectateurs !

Catherine : Si je me fie à ma mémoire, les scénarios de ces programmes n'ont pourtant rien de transcendant et s'appuient sur des thématiques vues, revues et usées à la corde : la passion, la vengeance, la trahison, les secrets de famille, la promotion sociale, la déchéance…

Xavier : Peut-être mais ça fonctionne. Et pour les chaînes, c'est tout bénéfice ! Ces programmes font pleurer dans les chaumières et assurent une fidélisation du public sur toute une saison. Et ils sont surtout très bon marché ; en France, un seul spot publicitaire de 30 secondes permet de rentabiliser l'achat d'un épisode. Alors peu importe s'ils ne tirent pas le téléspectateur vers le haut…

 Décryptage

Comment la pub
traque le téléspectateur

Le contexte

Chaque jour, les Français passent en moyenne trois heures et demi devant leur écran de télévision (soit plus de la moitié de leur temps libre quotidien). Cette assiduité cathodique fait que nos contemporains (en particulier les plus jeunes) se sont habitués à décrypter les messages publicitaires et sont progressivement devenus des « experts en pub » (l'émission « Culture Pub » y a longtemps contribué). Les téléspectateurs ont compris que consommer tel ou tel produit ne leur permettait pas de devenir les rois du monde ou de ressembler aux top-models des marques.

La stratégie des publicitaires

Conscientes de cette plus grande maturité des téléspectateurs, les marques ont changé leur fusil d'épaule et cherché à développer une relation de complicité, d'affinité et de connivence avec eux. Pour y parvenir, les publicitaires ont développé différentes techniques permettant aux marques de s'ancrer dans leur culture médiatique et télévisuelle, et d'être plus en phase avec leurs attentes.

Quelques-uns des mécanismes utilisés depuis les années 2000

Le no bullshit (pas de foutaises)
C'est la manière qu'ont les publicitaires de jouer la transparence. Le discours induit est le suivant : « nous vous respectons et nous n'allons pas vous prendre pour des gogos ; plutôt que de vous raconter des salades ou de chercher à vous éblouir avec une mise en scène spectaculaire, nous avons choisi de vous parler simplement de la fonction de notre produit ». C'est par exemple le registre utilisé par Sprite, qui joue uniquement sur l'effet de désaltération du soda : « L'image n'est rien, la soif c'est tout. Obéis à ta soif » proclame le slogan. Même stratégie pour Round Up qui se contente d'annoncer « détruire les mauvaises herbes jusqu'à la racine ».

La récupération
Le cinéma, les clips, les jeux video, internet... les univers médiatiques influencent naturellement la publicité qui « pioche » régulièrement des idées et des tendances dans ces différents environnements. Adidas construit son sport autour de la musique de Fat Boy Slim, Crunch parodie les codes des sitcoms à la mode et Orangina Rouge fait référence aux films gores en vogue chez les ados. Ces marques deviennent ainsi des acteurs à part entière de la culture des jeunes et établissent avec eux une relation de connivence. Ceux qui « comprennent » les clins d'œil de ces pubs sont valorisés ; l'objectif est atteint.

Le kitsch
Les années 2000 et suivantes ont été marquées par le retour en grâce du kitsch. Un renouveau qui a servi de base à la marque de jeans Diesel, qui a construit un lien de connivence avec sa cible (les adolescents et les jeunes adultes) selon une mécanique très simple : « je sais que vous savez

que je fais exprès d'être ringard et de mauvais goût. Et donc cela devient bien vu… ». N'importe qui ne peut comprendre qu'il s'agit de second degré. Ceux qui comprennent s'en ressentent donc valorisés. La marque se rapproche d'eux et construit une nouvelle proximité avec sa cible. *(Source : « Le nouveau Publicitor » de Jacques Landrevie et Bernard Brochand, éditions Dalloz).*

Les sagas

Pour s'adapter au besoin de variété et de nouveauté des téléspectateurs, certaines marques renouvellent leurs films. Il ne s'agit pas de sagas à épisodes étalées sur plusieurs années mais de plusieurs films différents diffusés sur une même période. Cette forme d'expression amène la diversité tout en conservant le principe de répétition (primordial en matière de publicité). Une technique qui fonctionne bien : le score Ipsos (qui analyse chaque année l'impact de plus de 1 000 campagnes télévisées) a élu meilleure publicité de l'année 2005 la saga du robot Citroën C4. Celle-ci succède au palmarès à une autre saga, celle de MAAF, lauréate en 2004.

L'animation

À l'image d'Apple pour le lancement de son iPod, les marques misent sur les films d'animation graphique pour séduire le jeune public. Des spots colorés, ludiques et oniriques dans l'air du temps. Areva, le Gan, mais aussi Peugeot (pour la sortie de la 1007) y ont eu recours. Quant au dernier film d'animation du constructeur japonais Honda, dont le graphisme évoque un monde utopique et enfantin, il a recueilli en 2005 pas moins de dix-huit prix professionnels (dont un Granny Award) et est considéré par beaucoup comme l'illustration de ce que doit être la publicité de demain…

Décodage

Des programmes formatés pour faire de l'audience

Un logiciel pour détecter les succès

Lors de l'édition 2005 du Mip TV (la rencontre annuelle des professionnels de la télévision), un nouvel outil analytique baptisé PropheSEE (prononcé Prophétie) a été présenté aux diffuseurs et programmateurs. Cet outil est capable de détecter plusieurs mois avant leur diffusion les programmes amenés à rencontrer un succès d'audience. Mis au point aux États-Unis (où il a notamment prédit l'engouement rencontré par les séries « Lost », « Joey » et « Desperate Housewives »), il combine la technologie internet avec un protocole de recherche sur la télévision. Il analyse ainsi, durant les mois précédant une diffusion, la quantité et la teneur des discussions relatives à la programmation télévisée sur les blogs et les forums de discussion. Puis il en déduit les attentes et les envies des téléspectateurs en matière de séries TV...

Le choix stratégique de la fiction

C'est celui fait par TF1 en 2006. Un choix gagnant car avec la fiction (française et étrangère), TF1 a gagné en audience : 500 000 téléspectateurs de plus sur le premier trimestre 2006 par rapport au premier trimestre 2005. C'est donc dans ce domaine que la chaîne a décidé de capitaliser pour les mois et les années à venir. Idem pour Canal + qui, grâce aux « indices de satisfaction » rencontrés par ses fictions auprès des abonnés, a lancé en 2006 le concept de mini-séries.

21 % de part de marché, ça donne des idées

En 2003, le magazine « Thalassa » (émission historique du PAF, lancée en 1975) diffuse un reportage intitulé « Le littoral assassiné », qui dresse un constat de la loi littoral (18 ans après son entrée en vigueur). Le sujet, bien qu'a priori peu attirant, obtient un excellent score : plus de 21 % de part de marché. Un succès d'audience qui donne l'idée à la production de creuser le filon du littoral français. Et c'est ainsi que l'équipe de Thalassa a pris place à bord d'un bateau de pêche et fait escale successivement dans 27 ports du littoral entre septembre 2004 et mars 2005. Un parcours des côtes et des ports français qui a permis de fidéliser les téléspectateurs et de faire progresser la part d'audience.

Les recettes du succès

Les nouvelles générations de séries télés américaines (« Friends », « Joey », « Lost », « The Shield », « FBI, portés disparus » et les autres) attirent les meilleurs acteurs, auteurs et réalisateurs. Et les agents d'artistes font tout pour tenter de faire figurer leurs poulains en « guest star » dans l'un ou l'autre des épisodes. Rien d'étonnant à cela lorsque l'on sait qu'en 2005, la diffusion du dernier épisode de « Friends » a tant mobilisé les Américains que les rues, les cafés et les cinémas étaient déserts. Clés du succès : des scénarios écrits autour des préoccupations quotidiennes du public (dont l'attention est forcément captée), des personnages variés dont l'histoire et la vie personnelle sont crédibles (permettant à chacun de s'identifier), une structure narrative calée sur les spots publicitaires, des histoires qui accompagnent le téléspectateur dans la durée. « Pour apprécier le 100ᵉ épisode » dit un producteur, « il faut une connaissance intime des 99 qui précèdent ».

Et si ce n'était qu'un début ?

En 2005, la société Médiamétrie a fêté ses vingt ans d'existence. L'occasion pour sa présidente, Jacqueline Aglietta, d'évoquer l'avenir (propos recueillis par Gérard Noël et Didier Beauclair) : « Le métier de Médiamétrie, c'est la mesure de l'audience et de la performance des médias audiovisuels et interactifs. Ses missions ont évolué. Il ne suffit plus de s'adapter comme nous n'avons cessé de le faire depuis vingt ans aux mutations accélérées de l'environnement économique, il faut aider les professionnels à comprendre les réactions du public face au foisonnement nouveau de l'offre de programmes. Un public devenu tellement mobile, fugace, expert à proportion de l'abondance du choix de programmes qui lui est proposé, qu'une nouvelle mission s'impose à nous : fournir à nos partenaires les services qui vont leur permettre de suivre dans ses pérégrinations ce public multimédia et multi-segmenté. Autrement dit, nous ne pouvons plus nous contenter de produire de l'audience brute de décoffrage ; nous devons être capables de mettre à la disposition des annonceurs et de leurs conseils des produits déjà marketés, quitte à ce que nous les marketions ensemble. » Voilà qui promet…

Faire écrire le scénario par le spectateur lui-même

Abréviation de « fan fiction », une « fanfic » (ou une « fic ») est une histoire écrite par un fan (publiée sur le net) reprenant l'univers, les personnages et les codes d'une série existante. Un phénomène en pleine expansion, né aux États-Unis lorsque les inconditionnels des séries fantastiques (« Highlander », « Stargate SG-1 »…) se sont mis à ressusciter leurs héros et modifier la version des histoires dans un sens qui leur convenait mieux que le scénario original. Les producteurs et réalisateurs de séries s'intéressent de près à ces exercices de style. Une jeune fan américaine s'est ainsi vu proposer d'écrire un épisode de la série « Xéna la Guerrière ».

Le formatage télé sur grand écran

Jugement sur « Brice de Nice » (le film de James Hunt sorti en 2005) par le critique cinématographique Stephan Baillard : « Une pure création du marketing télévisuel, avec produits dérivés et distribution de tee-shirts au Festival de Cannes. Le film s'inscrit dans une tendance opportuniste, de plus en plus lourde, qui consiste à présenter sur grand écran des succès télé dont l'audimat laisse présager de bons résultats en salle. [...] Fort d'une coproduction avec M6, le surfeur prend ainsi place parmi la liste inquiétante d'humoristes « télé portés » au cinéma, d'Eric et Ramzy à Gad Elmaleh en passant par les Robins des bois. [...] Même si Jean Dujardin est censé avoir pris part à l'écriture du scénario, le film ne répond qu'à un ensemble de contraintes : marketing-esthétique proche du jeu vidéo, publicité pour les tee-shirts, morceaux musicaux pour soigner les ventes de la B. O... ».

Petit abécédaire d'autres « subtiles habiletés » du grand méchant Marketing

A comme « Astérisque »

En marketing, les astérisques peuvent s'avérer redoutables. Ils renvoient en général à des textes en petits caractères, difficiles à déchiffrer, qui contiennent pourtant des informations capitales pour le consommateur. C'est le cas de la récente publicité presse d'un bouquet satellite qui propose d'essayer ses programmes « gratuitement pendant trois mois et sans engagement ». Sur cette publicité, un petit (1) renvoie au « coupon ci-dessous », lequel comprend un (*) qui renvoie lui-même au texte imprimé au bas dudit coupon… À condition de s'équiper d'une loupe (indispensable), on découvre alors les conditions générales de l'offre : certes, le consommateur ne paie pas d'abonnement pendant trois mois, mais il doit verser 40 € de frais d'accès, 8 € par mois de location de terminal (soit 24 €), ainsi qu'un dépôt de garantie de 75 €… Ce qui rend le « gratuitement » de la publicité pour le moins contestable. Tout comme l'est le « sans engagement » puisque dès lors qu'il accepte cet « essai gratuit », le client est considéré comme abonné et ne peut résilier son engagement que par lettre recommandée avec avis de réception au plus tard quinze jours avant la fin des trois mois…

B comme « Buzz marketing »

Dans l'économie traditionnelle, on considère qu'un individu est susceptible d'influencer le comportement d'achat de deux autres consommateurs et qu'inversement, une insatisfaction peut provoquer la contamination de huit de ses proches. Et l'on considère que ces chiffres sont multipliés par trois sur le net. C'est dire si le buzz (le marketing de la rumeur, du bouche-à-oreille) est, pour les marketeurs, un outil à regarder de près. Raison pour laquelle les « influenceurs », leaders d'opinion, « early adopters » et autres blogueurs, qui entretiennent le buzz, n'en finissent pas d'être courtisés par les professionnels du marketing. C'est ainsi qu'en 2006 est né Buzz Paradise, un nouvel outil qui se présente comme une plate-forme européenne de mise en relation des annonceurs et des faiseurs de tendances…

C comme « Cybersquatting »

Cette forme de parasitisme commercial qui a connu son paroxysme dans les années 1990 a fait la fortune de quelques internautes malins au détriment des plus grandes enseignes. Elle consiste à déposer des noms de domaines internet correspondant à des marques ou entreprises connues de façon à capter un trafic qui leur est normalement destiné, ou à revendre (à prix d'or) le nom de domaine en question à l'entreprise correspondante. Les pratiques de cybersquatting sont toutefois nettement moins répandues depuis le développement du dispositif juridique qui les encadre.

D comme « Discount alimentaire »

Trop de sucres, trop de graisses et trop de protéines ajoutées : en matière d'alimentation, attention aux bas prix ! C'est le signal d'alarme tiré par les nutritionnistes à propos des aliments bas de gamme vendus dans les magasins de hard discount alimentaire. Les analyses des ingrédients montrent en effet que la qualité nutritionnelle des produits proposés est à la hauteur du prix : faible. Les biscuits hard discount sont ainsi 30 % plus sucrés que ceux vendus dans les enseignes classiques, les potages sont plus gras (l'huile végétale hydrogénée se substituant à l'huile d'olive), les barres de céréales contiennent deux fois moins de flocons, les escalopes « cordon-bleu » regorgent de chapelure au détriment de la viande et le pain d'épices ne contient pas un seul gramme de miel (celui-ci étant remplacé par un sirop de glucose-fructose néfaste pour le cholestérol)...

E comme « Eldorado des aliments trafiqués »

Ce livre n'évoque que brièvement la manipulation des arômes. Il y aurait pourtant beaucoup à dire dans ce domaine ! Car les nouveaux produits alimentaires industriels doivent plus aux molécules des chimistes qu'au talent des cuisiniers. L'industrie alimentaire manipule les arômes, produit des yaourts à la fraise sans le plus petit morceau de fraise, tout en le présentant comme le meilleur et le plus naturel des yaourts aux fraises... Pizzas surgelées, potages instantanés, mais aussi petits pots pour bébés « bénéficient » des mêmes techniques, qui font que la saveur d'un produit est désormais sans rapport avec sa valeur nutritive. Et paradoxe pour paradoxe, les étiquettes peuvent rester muettes sur le sujet... en toute légalité !

F comme « Formules magiques »

En radio, certaines accroches publicitaires jouent sur la confusion et le brouillage mental au niveau de l'assimilation inconsciente du message. On connaît par exemple l'amusant « 100 % des gagnants ont tenté leur chance » de la Française des Jeux, qui peut être compris comme « on a 100 % de chance de gagner ». Certaines formules sont cependant plus insidieuses, à l'image de cette annonce diffusée en 2006 sur les ondes : « Avec notre parabole, recevez toutes les chaînes satellites gratuites » ; ici, le message joue clairement la confusion et la tromperie avec « recevez toutes les chaînes du satellite gratuitement »...

G comme « Gentilhommière d'exception »

Les techniques de rédaction des petites annonces immobilières sont parfois de purs joyaux de marketing, certains agents n'ayant pas leur pareil pour transformer une ruine en merveilleuse propriété. Ainsi un « dépaysement assuré » annonce plutôt un coin perdu, un « nid douillet idéal pour jeune couple » laisse présager une studette sous les toits, le « parquet d'origine » est un parquet à refaire et « très calme » évite de dire « loin de tout »...

H comme « Heureux gagnant »

La technique est connue mais elle continue de faire des ravages : vous faire croire que vous avez gagné un super-cadeau pour vous vendre des produits à des prix exorbitants ! Le magazine « 60 millions de consommateurs » de février 2006 rapporte cette arnaque révélatrice : Lucette reçoit un catalogue qui propose de lui livrer du pain d'épice à domicile. Le pain d'épice est certes cher, plus que dans le magasin du coin, mais Lucette est tentée de passer commande car elle recevra « un lecteur DVD en cadeau ». C'est promis, il y a même la photo de l'appareil. En plus, c'est Darty qui le livrera directement (il y a le logo). Alors Lucette achète pour 15 euros de pain d'épice (somme minimum sans laquelle « la commande ne peut être traitée »). Quelques jours plus tard, elle reçoit son colis de pain d'épice avec un simple DVD et non pas le lecteur annoncé... Si Lucette avait eu une meilleure vue, elle aurait déchiffré le règlement (publié en bleu ciel sur bleu foncé) qui précise que c'est le DVD en photo sur le lecteur et non le lecteur lui-même qui est à gagner. Elle aurait aussi repéré que le logo Darty n'est qu'une contrefaçon qui reprend la forme et le code couleur de celui du célèbre distributeur...

J comme « Jrrationalité »

Les marketeurs le savent, l'irrationnel est déterminant dans l'acte d'achat. Un éminent professeur d'une grande école de commerce débute d'ailleurs régulièrement son cours en posant sur son bureau une bouteille de parfum vide. Puis il interpelle ses élèves : « m'achetez-vous cette bouteille si je vous la propose à 90 % de son prix normal (pleine) ? ». Passées quelques secondes de surprise, les élèves refusent en général unanimement la proposition ; quel intérêt y aurait-il à acheter une bouteille de parfum vide ? Et le professeur de reprendre : « c'est pourtant ce que vous faites à chaque fois que vous achetez votre eau de toilette car dans un flacon, le parfum en lui-même ne représente que 10 % du prix, les 90 % restants étant constitués par le coût de la bouteille, du packaging, de la publicité... »

J comme « Jackpot intemporel »

Le marketing, c'est aussi l'art de « faire durer » une marque ; une pérennité qui peut rapporter gros. Plus de quatre-vingts millions d'exemplaires vendus dans le monde (250 000 exemplaires chaque année en France), des produits dérivés par centaines... « Le Petit Prince » est une affaire en or pour les ayants droit de Saint-Exupéry. Best-seller planétaire, le petit garçon blond à l'écharpe jaune est une star mondiale, à l'instar des héros de Disney ou du cinéma hollywoodien. Les produits dérivés à son effigie se sont multipliés : poupées, peluches, lunettes, vaisselle pour enfants, papeterie haut de gamme... Des produits luxueux qui préservent le potentiel du personnage, auxquels s'ajoutent les droits sur le multimédia (CD-rom, DVD) et la publicité. Protégée dans le monde entier et particulièrement en France, l'œuvre de Saint-Ex n'est pas près de tomber dans le domaine public. Aux 70 ans habituels après la mort de l'auteur, s'ajoutent en effet six ans pour les années de guerre et trente ans supplémentaires parce que Saint-Exupéry est mort pour la France.

L comme « Lancement radio »

Le marketing n'épargne pas les biens culturels que sont les livres, les films ou les disques. Ainsi aujourd'hui, pour un chanteur qui veut éditer son premier album et passer « en radio » pour le faire connaître auprès du public, mieux vaut se conformer aux formats « imposés » par les ondes : des chansons de 3 minutes 30 maximum, avec une introduction musicale (sans paroles) de quelques secondes, histoire de permettre à l'animateur de terminer son intervention et de « lancer » le morceau...

M comme « Méthodes musclées »

Depuis quelque temps, les opérateurs de téléphonie mobile et les fournisseurs d'accès à Internet pratiquent des méthodes aussi musclées que détestables. La principale d'entre elles consistant à imposer un abonnement à un client, à son insu... Ces pratiques de « conquête de marché » sont surtout utilisées dans le démarchage à domicile et dans les galeries commerciales. Ces galeries présentant l'immense « avantage » de disposer d'un encadrement juridique flou : pas de nécessité de bordereau de rétractation, pas de délai de rétractation de sept jours pour le consommateur, etc.

N comme « Nuances équitables »

Le chiffre d'affaires du commerce équitable a explosé au cours des cinq dernières années. La perspective de réserver un meilleur sort aux producteurs défavorisés séduit en effet les consommateurs. C'est donc tout naturellement que le marketing a fait son entrée dans ce secteur, misant sur une communication de l'altruisme (acheter des produits équitables permet d'offrir un revenu décent aux producteurs les plus fragilisés). Les produits du commerce équitable sont cependant plus chers que les produits courants. Aussi, le consommateur est-il en droit d'attendre des garanties fiables quant au caractère vraiment équitable du produit qu'il achète. Or le mensuel « Que

Choisir » d'avril 2006 révèle que la Direction de la concurrence, de la consommation et de la répression des fraudes (la
DGCCRF) a mené une enquête auprès de 55 opérateurs (distributeurs et importateurs). Conclusion de l'enquête : les pratiques sont si diverses (17 démarches différentes identifiées) que
le terme de « commerce équitable » ne signifie pas grand-chose
et que le consommateur ne dispose d'aucune assurance réelle
sur l'impact de son geste…

O comme « Organismes de crédit »

Le nombre de crédits à la consommation a beaucoup pro-
gressé en France au cours des dernières années. L'une des raisons de cette progression est la publicité plutôt agressive
effectuée par les organismes spécialisés. Les taux d'intérêt
qu'ils mettent en avant peuvent en effet paraître très alléchants
(entre 3 à 6 %, chiffres constatés au premier semestre 2006),
mais ils sont la plupart du temps limités dans le temps ou correspondant à un montant minimal d'emprunt important (ce
que le client ne découvre qu'une fois sur place). Après quelques
mois, on retombe sur des taux nettement plus élevés, qui frô-
lent parfois l'usure pour les crédits renouvelables (de 16 à
19 %, chiffres constatés sur la même période).

P comme « Personnages plutôt que stars »

Les entreprises font souvent appel à des personnalités ou des
personnages symboles pour transférer sur leurs produits un
peu de leur notoriété ou de leur image : le basketteur Mickael
Jordan et le chausseur Nike dans les années 1990, Gérard
Depardieu et les pâtes Barilla, Johnny Hallyday et le lunettier
Optic 2000… Mais les marques optent plus facilement pour
des personnages fictifs : le Bibendum de Michelin, la mère
Denis pour Vedette, Mamie Nova, le cow-boy Marlboro, Monsieur Plus de Bahlsen, Monsieur Propre, Dom Patillo, le curé
des pâtes Panzani… Ces personnages sont devenus des élé-

ments à part entière de la marque qu'ils défendent. Ils présentent surtout l'avantage d'être moins chers et plus facilement contrôlables que les stars…

Q comme « Queue factice »

Chacun de nous en a fait l'expérience au moins une fois dans sa vie : marcher à la recherche d'un restaurant pour y déjeuner, avoir le choix entre deux établissements qui se font face (l'un quasiment vide et l'autre presque plein) et choisir le second en se disant que s'il a déjà été choisi par tant de clients, c'est qu'il est meilleur que son vis-à-vis (même si, objectivement, cette information est notoirement insuffisante pour en juger). Certains lieux branchés ont recours à cette « technique » pour augmenter leur attractivité : elles placent des figurants (en général des employés ou des amis) qui font mine de faire la queue à la porte de l'établissement. Les clients hésitants qui observent la file d'attente en déduisent que la boîte vaut le détour et font la queue à leur tour. En quelques minutes, l'amorce est assurée…

R comme « Regard traqué »

Le « eye tracking », technique utilisée à l'origine pour les annonces publicitaires (presse et affichage) et la création de packaging, est aujourd'hui également utilisé sur le net. Son principe consiste à mettre en évidence (grâce à une caméra) le parcours que suit le regard d'une personne lorsqu'elle est confrontée à un message publicitaire. Les points où les yeux s'attardent sont enregistrés puis utilisés pour placer les éléments les plus importants du message sur le support concerné.

S comme « Seniors chouchoutés »

Cible officiellement négligée par les annonceurs (image de modernité oblige), les plus de 50 ans bénéficient en réalité de l'attention accrue d'un grand nombre d'entreprises. Ils sont, par exemple, de plus en plus nombreux à acheter des voitures neuves ; alors, même si aucun ne le dit, tous les constructeurs automobiles fabriquent des véhicules pour eux. Les papy-boomers représentent aussi plus de la moitié des lecteurs de newsmagazines mais là encore, sujet tabou, aucun titre n'ose dire qu'il a beaucoup de « vieux » dans son lectorat (idem pour les radios). Seule la télévision assume la présence dominante des seniors parmi ses téléspectateurs (après avoir longtemps fait la sourde oreille). Les personnages récurrents de fiction sont ainsi de plus en plus âgés, à l'image de Roger Hanin (« Navarro »), Pierre Mondy (« Les Cordier, juge et flic »), Victor Lanoux (« Louis la Brocante ») ou Enrico Macias (« Monsieur Molina »)…

T comme « Touriste pigeonné »

Au cours des dernières années, les tarifs d'accès à certains sites touristiques français ont littéralement explosé. Pour « faire passer la pilule » auprès des vacanciers visiteurs, quelques-uns de ces sites ont eu l'idée marketing (très contestable) de justifier l'augmentation de leur prix d'entrée par la mise à disposition (devenue obligatoire) d'un audio-guide (qui était jusqu'à présent facultatif). De fait, aujourd'hui, il n'est plus possible de visiter les ruines des Baux de Provence ou les salles du Palais des Papes d'Avignon, sans cet ustensile…

U comme « Ultra-segmentation »

Même si le consommateur n'a aucune chance de s'en rendre compte, les marques vont loin dans la précision pour déclencher l'acte d'achat. Certaines d'entre elles se positionnent par exemple sur des moments, des occasions ou des séquences (même très brèves) de la journée. Une étude sur la consommation du café recense ainsi une dizaine de moments privilégiés dans la journée : au petit-déjeuner, entre les repas (et seul), entre les repas (et en groupe), au déjeuner, au dîner (seul), au dîner (en famille), au dîner (entre amis), dans la soirée pour rester éveillé, etc. Fait surprenant, cette étude montre de grandes différences entre les marques selon les occasions de consommation, chacune s'octroyant des « territoires temporels » et adaptant son marketing en fonction de ceux-ci…

V comme « Ville-caution »

Certaines entreprises « s'inventent » des cautions institutionnelles pour faciliter leur démarchage téléphonique. C'est le cas de sociétés spécialisées dans le remplacement de fenêtres, le traitement des bois ou l'entretien des toitures… Exemples de formules marketing utilisées par ces sociétés en toute illégalité : « Bonjour, je représente l'entreprise X, avec la commune, nous avons engagé un programme de remplacement des fenêtres dans votre quartier… » ; « Bonjour, à la demande de la municipalité, notre société réalise un diagnostic sur les charpentes dans toutes les maisons individuelles de la ville… ». Un marketing que les municipalités ont toutes les peines du monde à enrayer.

W comme « Wash bar marketé »

Le wash bar (bar-laverie) est un concept qui nous vient des États-Unis. Son principe est simple : permettre aux clients de boire un verre en attendant que leur lessive se termine. En 2006, un bar-laverie a ouvert ses portes à Paris après être passé entre les mains des marketeurs : lave-linge design dernière technologie, écrans plasmas et ordinateurs sponsorisés par une marque d'électroménager dont les logos s'affichent sur tous les murs, sans oublier des soirées à thème (customisation des vêtements le jeudi, rencontres pour célibataires le vendredi, etc.). Question : comment faire si l'on veut juste laver son linge ?

Mais, comment en est-on arrivé là ?

1. Un fait majeur : l'accélération du rythme du changement depuis trente ans

À l'aube du troisième millénaire, chacun s'interroge sur ce que l'avenir nous réserve ; les institutions, les entreprises et le public voient le monde changer à une vitesse phénoménale de sorte que l'écart se creuse entre les générations. Aujourd'hui, un gamin de 13 ans peut dire de son petit frère de 8 ans qu'il est d'une autre génération car il n'admire pas les mêmes stars, n'a pas les mêmes héros, n'apprécie pas la même musique, n'a pas les mêmes codes vestimentaires et ne parle pas la même langue…

Pour les entreprises, les marchés évoluent tellement vite que les stratégies gagnantes hier peuvent se révéler désastreuses aujourd'hui. Elles doivent donc s'adapter en permanence, c'est-à-dire évoluer, ou disparaître.

2. Trois facteurs expliquent ces bouleversements

La mondialisation/globalisation, l'accélération de la technologie (qui produit de l'innovation en permanence et modifie notre culture et nos modes de vie) et **la dérégulation** (qui ouvre des secteurs jadis protégés à la concurrence nationale ou internationale).

La conjonction de ces différents facteurs change les règles du jeu au niveau des acteurs de l'économie.

L'environnement économique s'est modifié, les consommateurs ont muté sous l'impact de la mondialisation et de l'innovation technologique, et les entreprises doivent faire face à de nouveaux défis.

a. La modification de l'environnement

La révolution technologique des moyens de communication et d'information fait éclater les frontières, les marchés, les idéologies, les cultures et les monopoles... L'information circule de plus en plus librement et devient accessible à un nombre croissant d'individus.

Résultats :

- Surinformation et désinformation font bon ménage, rendant le monde plus complexe et plus difficile à gérer.

- Un monde en overdose d'information, où la communication surgit partout et sature le public qui zappe d'une information à l'autre sans avoir le temps de la « digérer ».

- Les médias sautent eux aussi d'une information à l'autre, simplifient, prédigèrent, banalisent ou au contraire dramatisent, au détriment de l'analyse et la réflexion.

- La concurrence de plus en plus féroce aboutit à un hyper choix pour le public et une overdose de communication.

b. Le consommateur a muté

- La clientèle surinformée est devenue plus compétente et sensible aux prix.

- Les clients constatent de moins en moins de différence entre les fabricants (et sont de moins en moins sensibles aux marques).

- Le consommateur est devenu autonome et unique, revendiquant sa liberté de choix et ses privilèges ; il veut être traité dans son unicité (d'où les séries spéciales, les séries limitées, les offres personnalisées et les privilèges inventés par les fabricants pour le fidéliser).

- Devant l'abondance du choix et la surenchère des offres supportées par la communication, la clientèle devient infidèle et zappe comme à la télévision.

- Le public est sensible aux bonnes affaires et en est fier : certaines clientes de la Redoute repèrent dans le catalogue les produits qui les intéressent et attendent la réduction de 50 % ou 70 % pour commander…

- Le consommateur a des exigences élevées au niveau des services.

c. Les entreprises doivent faire face à de nouveaux défis marketing

- Comment se démarquer de concurrents sans cesse plus nombreux et agressifs du fait de la mondialisation ?

- Comment fidéliser et entretenir une relation durable avec une clientèle de plus en plus difficile à conquérir ?

- Comment rester rentable alors qu'on est obligé d'offrir gratuitement de nombreux services à ses clients pour gagner des ventes ?

– Comment réagir face à une concurrence qui s'aligne rapidement sur les prix ?

Le marketing des entreprises fait lui aussi sa révolution et s'oriente vers un marketing de l'instabilité, de la fidélisation, de l'hyper-compétition où innovation et communication sont des composantes privilégiées dont nous avons pu décliner quelques aspects dans ce livre...

Composé par Nathalie Bernick
Achevé d'imprimer : EMD S.A.S.

N° d'éditeur : 3349
N° d'imprimeur : 16036
Dépôt légal : août 2006
Imprimé en France